Gerold Thaler

Lebst du schon oder hast du noch keine Zeit?

Lebst du schon oder hast du noch keine Zeit?

Warum manche Menschen immer Zeit haben und manche nie!

Bibliografische Information der Deutschen Nationalbibliothek: Die Deutsche Nationalbibliothek verzeichnet diese Publikation in der Deutschen Nationalbibliografie; detaillierte bibliografische Daten sind im Internet über dnb.dnb.de abrufbar.

© 2022 Gerold Thaler

Herstellung und Verlag: BoD – Books on Demand, Norderstedt

ISBN: 978-3-755-75563-0

Inhaltsverzeichnis

I. Ausgangslage 14
II. Multitasking 24
III. Stress 30
IV. Veränderung 36
    Entscheidungen 38
    Rituale 41
    Umsetzung 43
V. Unsere Einstellungen 46
    Aufschieberitis 48
    Perfektionismus 49
    Pareto 51
    Pessimismus 53
    Kurven schneiden 55
VI. Unsere Vision 58
    Die Deadline 59
    Ziele setzen 63
VII. Wie viel Zeit haben wir zur Verfügung? 77
VIII. Wie wir mehr Zeit haben 101
    Zeitfresser und Zeitdiebe 101
    Zeitengel 105

- IX. Planung 111
  - Jahresplanung 112
  - Wochenplanung und Tagesplanung 113
  - Priorisieren 116
  - Fixierung von A-Aufgaben 119
  - Der umgekehrte Zeitplan 122
- X. Pausen 127
- XI. Stärkung des Körpers und des Geistes 132
  - Morgenstund hat Gold im Mund 133
- XII. Entrümpeln 136
- XIII. Interview mit Herrn Dr. Robert Zampieri 140
- XIV. Schlusswort 165

Vorwort

Eigentlich hatte ich nie vor, ein Buch zu schreiben. Bis vor einigen Jahren habe ich mit Sicherheit über zehn Jahre meines Lebens kein Buch mehr in die Hand genommen. Aber ich habe mittlerweile Gefallen daran gefunden, mich zu Themen, die mich interessieren, zu informieren. Und das mache ich unter anderem auf digitalen Plattformen, wie zum Beispiel YouTube, als auch anhand von Büchern. Mein Herzensanliegen ist es, Menschen zu helfen, die ihre Work-Life-Balance nicht im Griff haben. Menschen, die das Gefühl haben, dass irgendetwas in ihrem Leben nicht stimmt oder etwas zu kurz kommt. Dass sie einerseits berufliche Ziele nicht erreichen und einfach nicht weiterkommen. Oder dass sie andererseits aus Zeitmangel ihre privaten Vorstellungen nicht verwirklichen können. In der heutigen Zeit ist es meiner Meinung nach wichtiger denn je, dass wir uns damit beschäftigen, wie wir unser Leben gestalten möchten. Ob wir gestalten oder gestaltet *werden*. Die aktuelle Krisenzeit gibt uns die Chance und Gelegenheit, an unserer Persönlichkeit zu arbeiten. Im Grunde haben wir nie Zeit. Und ich kenne und kannte wirklich viele Mitarbeiter aller Ebenen, die immer gestresst und gehetzt wirken. Mitarbeiter, mit denen man nur zu tun haben will, weil es sich nicht anders geht. Woran ich diese erkenne? Hochgezogene Schultern, ein genervtes Gesicht und eine angespannte Mimik lassen mich sofort erahnen, was in diesen Personen vorgeht. Ich denke, Sie wissen, von was und wem ich spreche. Und genau denen möchte ich helfen, dass Sie aus diesem nie enden wollenden Kreis herauskommen. Betroffene Personen kommen wirklich nie zur Ruhe, auch zu Hause nicht. Denn sie nehmen die Arbeit mit nach Hause. Oder sie nehmen die Arbeit im Kopf mit nach Hause und können dann nicht abschalten. Herr Dr. Zampieri spricht im Interview von einer *gesunden Faulheit*, die er sich angeeignet hat, um auch mal erholsame Pausen zwischen der Arbeit einzulegen. Es geht mir hauptsächlich darum, mit System diesem Kreislauf entgegenzutreten. Strukturiert so vorzugehen, dass alledem bereits vorgebeugt wird, bevor diese Spirale entstehen kann.

Eine zentrale Frage, die mich in diesem Buch verfolgt, ist unter anderem: Wie viel Zeit haben wir eigentlich generell täglich zur Verfügung? Da musste ich einfach auch das Interview mit Herrn Groß machen, wo er uns seine schier unglaubliche Geschichte erzählt, wie er über Jahre hinweg wortwörtlich Tag und Nacht gearbeitet hat. Nicht, dass ich seinen Zeitplan weiterempfehle. Aber es zeigt eindrucksvoll, was im Grunde alles möglich ist. Und dass wir uns vielleicht allzu oft selbst Grenzen setzen, ohne sie zu hinterfragen.

Sie haben es vielleicht schon herausgehört – im Grunde geht es um Veränderung. Es geht darum, mich so zu verändern, dass ich schon gar nicht erst in diese unangenehme Situation komme. Ich komme dann schwer heraus, weil ich eben keine Zeit mehr habe, mich und mein Leben so einzurichten, dass ich nicht ständig unter Zeitdruck bin und mich gestresst fühle.

Sie lesen dieses Buch, weil Sie neugierig sind und etwas lernen wollen. Etwas lernen bedeutet, Sie müssen etwas tun! Nur es zu wissen, ist zu wenig! Es gab noch nie eine

Zeit, in der die Menschen so viel wissen und so leichten Zugang zu Wissen haben. Aber etwas lernen bedeutet: Sie müssen etwas unternehmen, aktiv sein! Sie müssen das Wissen umsetzen! Sie kennen sicher auch die 72-Stunden-Regel. Die besagt, dass Sie das neue Wissen so schnell als möglich anwenden beziehungsweise umsetzen müssen. Die grundlegende Voraussetzung ist: Ich muss mich verändern *wollen*! Ansonsten ist der Inhalt des Buches zwar wunderbar, aber es bleibt bei dem theoretischen Wissen. Aber Sie haben den ersten Schritt bereits gemacht: Sie haben sich entschieden, ein Buch zu lesen. Das ist bereits die halbe Miete auf dem Weg zur Veränderung. Wenn Sie dann keine konkreten Schlüsse und Konsequenzen daraus ableiten, dann bleibt es aber leider beim halben Weg und der ist bekannterweise genauso viel wert wie gar nichts. Es ändert sich eben dann nichts für Sie.

Wie war das bei mir? Ich habe nach dem Studium überhaupt kein Buch mehr angerührt. Ich wollte in Zukunft kein Buch mehr lesen. Ich habe geglaubt, jetzt ist fertiggelernt fürs Leben. Wie dumm ich war! Es ist nie fertig! Es ist nie ausgelernt! Das ganze Leben ist ein Prozess, es gibt nie Stillstand. Auch bei Heilung funktioniert das so! Der Arzt sagte mir nach meiner Hüftoperation, dass der Heilungsprozess in einem halben Jahr abgeschlossen sei. Aber das stimmte nicht! Nur aus physiologischer Sicht vielleicht. In der Realität hat das noch lange gedauert. Es ist nie abgeschlossen. Und sogar zehn Jahre später verbessere ich mich jeden Tag. Und da muss ich Ihnen einfach erzählen, wie es mir beim Fußball ergangen ist, weil es mich immer wieder zum Schmunzeln bringt: Mit fast dreißig Jahren hielten mich meine Mitspieler für einen körperlich nicht unbedingt mit Glück gesegneten Menschen: „Die Gene haben es nicht gut mit dir gemeint" und „Fußball ist in deinem Alter nichts mehr für dich" habe ich ständig hören müssen, nachdem ich andauernd muskuläre und strukturelle Probleme hatte. Fünfzehn Jahre später ist es genau andersrum. Ich spielte immer noch Fußball, zwar nicht auf demselben Niveau, ich hatte aber kaum Beschwerden und keine nennenswerten Verletzungen. „Es kann nicht jeder so eine gute Natur haben!" hieß es dann vielmals von meinen Mitspielern, die jetzt deutlich jünger geworden waren und meine Vorgeschichte nicht kannten. Ich möchte beileibe nicht angeben, ich möchte nur aufzeigen, dass Veränderung wirklich immer möglich ist. Vorausgesetzt, Sie nehmen sich Zeit dafür!

„Wer die Gegenwart genießt, hat in Zukunft eine wundervolle Vergangenheit."[1]

I. Ausgangslage

Ich habe nicht unbedingt die besten Voraussetzungen gehabt, mich als Experte für Zeitmanagement zu etablieren. Ich war ursprünglich eigentlich ein Langschläfer. Ich bewunderte immer schon die Menschen, die mit wenig Schlaf auskamen. Insgeheim hatte ich den Wunsch, auch so zu sein! Ich denke, weil ich das unbedingt wollte, ist es mir auch gelungen. Und heute benötige ich tatsächlich deutlich weniger Schlaf als vielleicht der Durchschnittsbürger. Ich denke, dass sich auch vieles angewöhnen lässt. Als meine Kinder klein waren und in der Nacht regelmäßig aufwachten, da kam ich mit weniger Schlaf aus als vorher. Einmal ist es mir passiert, dass ich in der Nacht aufwachte und nicht mehr einschlafen konnte. Zuerst dachte ich, dass ich schlecht geschlafen habe. Als ich aber länger darüber nachdachte, kam ich zu der Erklärung, dass ich vielleicht schon ausgeschlafen war und deshalb aufwachte. Ob es nun so oder andersrum war, spielt eigentlich keine Rolle. Wesentlich ist, dass mir die letztere Erklärung deutlich mehr Vorteile bringt als die andere und mein Leben auf jeden Fall erleichtert.

Wenn ich an meine Mutter denke, dann kommt mir ein leichtes Schmunzeln über die Lippen. Sie hat eine Ruhe, die ich kaum bei jemand anderem gesehen habe. Sie lässt sich von nichts und niemandem in ihrer Geschwindigkeit abbringen. Sie hat ihre eigene Geschwindigkeit und das ist gut so. Wenn ich sie beim Abwasch beobachte, dann frage ich mich manchmal, wie ist das möglich? Warum möchte sie den Abwasch nicht schneller ausführen? Ich kann es kaum nachvollziehen. Daraus erkenne ich, dass jeder seine eigene Geschwindigkeit hat. Und die zu finden ist die Basis jedes Zeitmanagement.

In jungem Alter bin ich allgemein vieles verkehrt angegangen. Ich war in meinem Leben zum Beispiel oft ohne Fokus, ohne Konzentration und ohne konkretes Ziel unterwegs! Ich habe das meiste bezüglich des optimalen Umgangs mit der Zeit von der Pike auf gelernt. Deshalb weiß ich wirklich, von was ich spreche. Und ich weiß auch, dass sich ein optimaler Umgang mit der Zeit aneignen lässt. Auch Sie können das lernen: immer Zeit für die wichtigen Dinge im Leben zu haben, ohne Stress zu empfinden oder Hektik aufkommen zu lassen.

Im Grunde beginnt das Leben für uns wie ein Kartenspiel! Nicht jeder startet mit den gleichen Spielkarten. Spielen Sie mit den Karten, die Sie haben![2]

Sie müssen sich natürlich mehr anstrengen, wenn Sie keinen Royal Flush in den Händen halten! Aber am Ende gewinnt der, der gelernt hat, besser zu spielen. Das bedeutet in diesem Fall, Gelegenheiten und Chancen zu nutzen, die Ihnen das Leben bietet. Bezogen auf das Kartenspiel bedeutet das, die Situation zu erkennen, wo Sie trotz schlechterer Karten trotzdem das Spiel zu Ihren Gunsten entscheiden können. Sie müssen sich die erfolgversprechendste Spielstrategie ausdenken und gleichzeitig Stärke zeigen. Im äußersten Fall bezeichnet man das als „bluffen". Und damit

Ihnen das gelingt, brauchen Sie unbedingt viel Selbstvertrauen. Und merken Sie sich: Niemand hat immer nur schlechte Karten! Das gilt für das Kartenspiel wie für das Leben genauso.

Der genannte Grundsatz gilt zum Beispiel auch im Profisport. Dort wird dieses Konzept beim Mentaltraining angewandt: Es gibt im Grunde zwei Bereiche: Alles, was Sie so interessiert im Leben beziehungsweise im Sport und innerhalb dieses Bereiches dann der Teil, den Sie beeinflussen können. Jeder Mentaltrainer predigt Ihnen: Konzentrieren Sie sich nur auf das, was Sie beeinflussen können! Das Problem ist bei vielen, wenn sie sich auf etwas anderes außerhalb dieses Bereiches konzentrieren, dann sind sie abgelenkt und bekommen Versagensangst! Zum Beispiel: Wie reagieren die Zuschauer? Was ist, wenn dies und jenes passiert? Konzentrieren Sie sich deshalb immer auf das, was Sie können! Das Beste dabei ist dann, dass der Bereich, den Sie beeinflussen können, dadurch ständig größer wird!

> „In fünf Jahren wirst du lachen, über die Dinge, über die du dir heute den Kopf zerbrichst."[3]

Wir können nicht alles sofort verändern! Laut Bill Gates überschätzen wir, was wir innerhalb eines Jahres ändern können. Gleichzeitig aber unterschätzen wir generell auch, was wir in zehn Jahren erreichen können.[4] Es sind die kleinen Schritte, die wir setzen können, die in der Summe das große Ganze ergeben. Man muss sich das so vorstellen: Wenn etwas einmal installiert ist, dann läuft es automatisch.

Ich muss mir nicht mehr vorstellen, dass ich so viel in meinem Leben ändern muss. Denn einmal installiert, denke ich nicht mehr darüber nach. Zum Beispiel habe ich das Rauchen aufgegeben. Das war damals für mich unvorstellbar, nie mehr zu rauchen. Heute erinnere ich mich höchstens hin und wieder daran und freue mich, dass es mir gelungen ist. Damals dachte ich auch, um gesund zu sein, sollte ich zum Beispiel das Rauchen lassen, morgens ein bisschen Obst essen, tägliche Turnübungen durchführen, hin und wieder Fasten, keine Süßigkeiten schlecken, mehr Vollkorngerichte zu mir nehmen und vieles mehr. Das schaut so aus, als wenn alles niemals erreichbar wäre. Dass es zu viele Opfer auf einmal verlangen würde. Was habe ich dann gemacht? Ich habe eines nach dem anderen umgesetzt. Heute mache ich sogar noch viel mehr als aufgezählt, ohne dass ich mich mühen muss oder dass es mir als Opfer vorkommt.

> „Was ich gelernt habe? Niemand ist je zu beschäftigt. Sie haben nur andere Prioritäten."[5]

Steve Jobs, ehemaliger CEO eines der wertvollsten Unternehmen der Welt, war der Meister im Prioritätenmanagement.[6] Er beurteilte auch seine Mitarbeiter nach der Fähigkeit, wie gut sie darin waren, Prioritäten zu setzen. Im Grunde suchte er seine Mitarbeiter danach aus, je besser sie in die Zukunft blicken konnten, je vorausschauender jemand arbeiten konnte, umso besser konnte jemand Prioritäten managen. Und umso besser konnten sie mit ihrer wertvollen Zeit umgehen und natürlich auch mit der Zeit ihres Teams. Julian Hosp spricht in seinem Buch „Das

Timehorizon Prinzip" vom Zeithorizont, den wir Menschen fähig sind, strukturiert und kreativ zu planen beziehungsweise zu organisieren. Das ist natürlich nicht zu verwechseln, wie weit jemand in die Zukunft träumen kann, sondern wie weit jemand in die Zukunft eine Umsetzung kreativ und klar strukturiert planen kann, die Zukunft Schritt für Schritt wirklich durchzuplanen. Laut Julian Hosp liegt dieser Zeithorizont bei den meisten Menschen nicht über zwei bis drei Monaten. Bei vielen sogar darunter. Denken Sie an die Menschen, die mit ihrem Lohn nicht ans Monatsende kommen (mir ist bewusst, dass das auch andere Gründe hat). Wenn Sie über ein halbes Jahr kommen, sind Sie schon echt gut. Zwei bis drei Jahre sind dann schon Weltklasse. Es gibt wahrscheinlich nur mehr maximal tausend Menschen auf der gesamten Welt mit so einem Zeithorizont.

In diesem Sinne muss sich auch Bildung in Zukunft verändern. Jack Ma, Vorstandsvorsitzender von Alibaba Group sagte in einem 2019 auf Facebook viral gegangenen Video zur These, dass Roboter bis zum Jahr 2030 weltweit 800 Millionen Jobs übernehmen werden, Folgendes: „Bildung ist die große Herausforderung. Ändern wir nicht, wie wir unterrichten, dann haben wir in 30 Jahren große Probleme. Die Art, wie wir lehren, die Dinge, die wir unseren Kindern beibringen, sie stammen aus den letzten 200 Jahren. Sie basieren auf Wissen. Wir können unseren Kindern nicht beibringen, mit Maschinen zu konkurrieren. Maschinen sind schlauer. Lehrer müssen aufhören, lediglich Wissen zu vermitteln. Kinder sollten etwas Einzigartiges lernen. Dann können Maschinen sie nicht einholen. Diese Dinge sollten wir Kindern beibringen: Werte, Überzeugung, unabhängiges Denken, Teamwork, Mitgefühl. Das alles kann nicht durch reines Wissen erlernt werden. Stattdessen sollten Kinder das lernen: Sport, Musik, Malerei, Kunst. So stellen wir sicher, dass Menschen anders sind [...]. Alles, was wir lehren, muss sich von Maschinen unterscheiden. Wenn es Maschinen besser können, müssen wir noch mal darüber nachdenken."[7]

Ich denke, es ist wichtig, sich bewusst zu sein:

„Jeder kann irgendetwas richtig gut. Und wir sind nur gut darin, was wir auch richtig gern tun!"

Exkurs:
Ausschnitt aus Interview mit Dr. Luis Durnwalder, Altlandeshauptmann Südtirol (geführt am 21.04.2021).

ICH: Haben Sie sich jemals über das Thema Zeit Gedanken gemacht?

DURNWALDER: Ja, mit der „Zeit" habe ich immer ein besonderes Verhältnis gehabt. Sie ist für mich meist zu kurz gewesen. Allerdings daheim, als Bub, war sie mir manchmal auch zu lang, weil man damit nicht umgehen konnte. Man wusste oft nicht, was man damit tun sollte. Wenn es aber lustig war, war die Zeit wieder zu kurz. Später in der Schule hing die Länge oder Kürze der Zeit von der Art des Unterrichtes und vom Interesse am Fachgegenstand ab. Es war immer die gleiche Zeit, aber man fühlte sie anders. Die „Länge" oder „Kürze" hing einfach vom Interesse und der Begeisterung am Vortrag des Lehrers und der behandelten Materie ab. Die gleiche Stunde war unendlich und dauerte eine Ewigkeit und im anderen Fall war die gleiche Zeiteinheit viel zu kurz. Ich habe damals über „Zeit" nie nachgedacht. Ich wollte nur das Studium schnell vollenden, um in den Beruf einsteigen zu können.

Als ich dann in Neustift die Oberschule besuchte, konnte ich zweimal eine Klasse überspringen, um mein relatives Alter ausgleichen zu können. Diesen Zeitgewinn habe ich sehr geschätzt. Natürlich erforderte dies auch wieder viel Zeit, um den nicht im Unterricht erklärten Lehrstoff nachholen zu können.

Nach dem Abitur bin ich nach Wien. Auch da war die Zeit viel zu kurz. Wien bot so viele kulturelle und gesellschaftliche Möglichkeiten und außerdem wollte ich mein Studium so schnell als möglich abschließen, was wieder viel Zeit erfordert hat. Ich war in dieser Zeit Präsident der Südtiroler Hochschülerschaft und gleichzeitig war ich neben Agrarwissenschaften auch an der Fakultät für Rechtswissenschaften inskribiert. Ich wollte diese Studien in vier Jahren beenden, was natürlich wiederum viel Zeit erforderte. Aus „Zeitgründen" musste ich deshalb auf vieles verzichten, das ich gern gemacht hätte. Nach Abschluss meines Studiums in Wien habe ich vorerst einmal unterrichtet, um mir die Zeit zu nehmen, mich zu entscheiden, wo mein zukünftiges Arbeitsfeld liegen sollte. Ich habe drei Jahre an der Mittelschule in Bruneck und an der Gewerbe- und Handelsoberschule in Bozen Mathematik und Naturwissenschaften unterrichtet. Auch hier spielte die Zeit immer eine große Rolle. Oft war man mit dem Unterrichtsstoff im Rückstand, und musste aufholen. Manchmal hatte man eine interessierte Klasse und konnte weitermachen, manchmal fehlte das Interesse der Schüler an der zu unterrichtenden Materie und deshalb war der Unterricht sehr zeitraubend und mühsam. Zudem hing das Zeitgefühl auch von der Vorbereitung des „Professors" ab.

Als ich dann in der Politik landete, musste ich meine Zeit selbst einteilen. Ich habe die schlechte oder gute Eigenschaft, dass ich sehr volksnah bin und deshalb sehr gern mit Leuten rede. Ich habe schon als Bürgermeister von Pfalzen und als Landesrat und später ganz besonders als Landeshauptmann die sogenannten „Bürgersprechstunden" eingeführt, wo jeder Bürger, unabhängig von Partei, Sprache und Beruf, mit mir reden konnte. Zudem habe ich monatliche Sprechstunden in den einzelnen Bezirken und tägliche Sprechstunden in meinem Büro in Bozen von 06:00 bis 08:00 Uhr eingeführt. Der Zuspruch der Bevölkerung war so groß, dass ich die Zeit für jeden Bürger sehr kurz halten musste. In den Bezirken, wo zum Beispiel in Bruneck teilweise über 100 Personen vorgemerkt waren, konnte ich die vorgesehene Zeit verlängern. In Bozen ging das nicht, da ja um 08:00 Uhr die offiziellen Termine und Verpflichtungen begannen. Deshalb musste ich die „Kunden" in ihrem Redefluss oft unterbrechen, da ich ja gleich bei Beginn des Gespräches erahnte, was sie wollten. Die Bürger hingegen wollten mir oft ihre persönlichen Probleme und Familiengeschichten erzählen, wozu aber die Zeit fehlte. Da musste ich immer mit der Zeit kämpfen. Ich hätte oft viel bezahlt, wenn ich bei einem Vortrag, einer Verhandlung oder auch bei einer Sprechstunde etwas mehr Zeit zur Verfügung bekommen hätte.

Aber man muss zur Kenntnis nehmen, die Zeit ist nun mal die. Du kannst die Zeit nicht vermehren und nicht vermindern. Du kannst sie höchstens ausnützen oder verschleudern. Du hast deine Zeit. Die geht immer weiter, kontinuierlich weiter, von der Geburt bis zum Tod. Es hängt letztendlich von dir ab, was du mit dieser Zeit machst. Ob du schläfst, ob du Blödsinn machst oder ob du was Produktives tust. Ob du was tust, was dich freut oder was dich ärgert. Das heißt, über die Zeit, über deine Zeit, kannst du verfügen. Nur, wenn sie vorbei ist, kehrt sie nicht mehr zurück.

---

[1] https://www.visualstatements.net; aufgerufen 01.11.21
[2] Vgl. Schäfer, Bodo: „Die Gesetze der Gewinner", 2020; Seite 207
[3] https://www.visualstatements.net; aufgerufen 01.11.21
[4] www.beruhmte-zitate.de/zitate/2078664-bill-gates-die-meisten-menschen-uberschatzen-was-sie-in-eine/; aufgerufen 01.11.21
[5] Instagram: bossmotivation
[6] Vgl. Dr. Hosp, Julian: Das Timehorizon Prinzip; 2019; Seite 71ff.
[7] https://www.facebook.com/Lehrer-welt.de/posts/1481173402026167

II. Multitasking

Multitasking war vor einigen Jahren doch ein sehr trendiger Begriff und fast schon ein Muss vor allem in der Arbeitswelt. Durch die Digitalisierung wurde dieser Trend verstärkt. Wenn Sie an Multitasking denken, sehen Sie wahrscheinlich eine Person, die das Smartphone zwischen Ohr und Schulter eingeklemmt hat und gleichzeitig sitzend am PC eine Mail eintippt oder ein Dokument bearbeitet. Oft noch eine zweite Person an der Tür, die noch was nachfragt und durch Gestik der vorbildlichen Multitasking-Person abgewimmelt beziehungsweise benachrichtigt wird. Oft ist das das Bild eines beschäftigten und fleißigen Unternehmers, der es wirklich versteht, mehr als andere zu arbeiten. Das hat sich uns eingeprägt. Aber leider war es bei mir so, dass ich dann die Fähigkeit verloren habe, zuzuhören. Das ist mir aufgefallen, als meine heranwachsende Tochter mich ständig fragte: Warum hörst du mir nicht zu? Ich verstand nicht, wie sie das bemerken konnte. Ich habe ständig an andere Sachen gedacht, wenn ich bei ihr war und sie reden ließ. Ich reagierte nur auf auffällige Schlagwörter, die sie von sich gab. Ich dachte an das bevorstehende Fußballspiel am Wochenende oder an bestimmte knifflige Probleme bei der Arbeit, die mich den ganzen Tag lang beschäftigt haben.

> „Wer immer in Eile ist, begegnet niemandem. Auch sich selbst nicht."
> *Sprichwort aus Frankreich*

Ich habe dann das Buch von Mihaly Csikszentmihalyi „Flow – der Weg zum Glück"[1] gelesen. Das hat mir enorm geholfen, mich auf eine Sache zu konzentrieren und dabei Freude zu empfinden. Der Entdecker des Flow-Prinzips erklärt darin seine Lebensphilosophie. Er beschreibt Flow als den geheimnisvollen Zustand des Glücks. Wie erreichen wir ihn im Alltag? Dass wir uns rundherum wohlfühlen, zufrieden und glücklich sind, unseren Beruf mögen, mit Arbeitskollegen in Harmonie leben, genügend liebe Freunde haben, Freude in Liebe erleben, uns in der Familie eingebettet fühlen? Der weltbekannte Autor erklärt anschaulich, wie Flow entsteht, wie wir Bedingungen dafür schaffen können. Gemeinhin wird Flow als das beglückend erlebte Gefühl eines mentalen Zustandes völliger Vertiefung (Konzentration) und restlosen Aufgehens in einer Tätigkeit, die wie von selbst vor sich geht, verstanden.[2] Ich habe dann begonnen, vor allem bei Tätigkeiten, die ich nicht so gern machte, wie zum Beispiel das Reinigen der Wohnung oder das Hemdenbügeln, mich voll und ganz auf diese Tätigkeit zu konzentrieren. In dem Moment probierte ich, an nichts anderes zu denken, sondern nur an das, was ich gerade machte. Ich konnte alles um mich herum vergessen. Gleichzeitig versuchte ich, die ausführenden Körperteile bei den Bewegungen zu spüren und die Atmung bewusst zur Energiebereitstellung einzusetzen. Und ob Sie es glauben wollen oder nicht: Die Tätigkeit als solches fühlte sich plötzlich sehr gut an. Und ich empfand Freude und Genugtuung dabei. Und Sie erleben dann diesen Fluss, wo plötzlich alles von allein zu gehen scheint, ohne diesen Widerstand der Anstrengung oder des eisernen Willens. Es ist schön zu wissen, dass die Fähigkeit erlernbar ist, uns gezielt in einen solchen – man kann gern auch sagen kreativen – Zustand hineinzuversetzen. Sie müssen dann nicht mehr warten, bis die „richtige Stimmung" Sie zur Arbeit inspiriert, sondern beginnen Sie einfach sofort damit!

„Inzwischen belegen Studien, dass Multitasking auch nicht produktiv ist. Insgesamt eigne sich das Gehirn dafür nicht", sagt Neuropsychologe Lutz Jäncke im Gespräch mit Ute Welty auf www.deutschlandfunk.de. Es gibt auch keinen Geschlechtsunterschied beim Multitasking, wie das Klischee gerne bedient ... „Unser Gehirn ist im Grunde genommen für die Konzentration und Fokussierung auf wesentliche Aspekte spezialisiert", betont Jäncke. „Pro Sekunde prasseln auf unser Gehirn 11 Millionen Bit ein, also eine Unmenge an Information. Und davon können wir 11–60 Bit bewusst wahrnehmen." Deshalb müsse das Gehirn lernen zu filtern und störende von wichtigen Reizen zu unterscheiden. Ansonsten schalte das Gehirn in einen ungünstigen Modus um, warnt der Neuropsychologe. „Das heißt, wir werden stimulusgetrieben, reizgetrieben. Wir sind dann nicht mehr die Agenten für die Auswahl der Reize." Zu erleben beispielsweise, wenn man im Internet eine Google-Suche nach einem bestimmten Begriff startet, sich treiben lässt und sich dann drei Stunden später irgendwo an einem völlig anderen Punkt im Netz wiederfindet. „Das ist im Grunde genommen für unser Denken und Handeln schädlich", sagt Jäncke. „Ich würde sogar behaupten, dass wir in einer Zeit leben, die uns überfordert gewissermaßen."[3]

„Multitasking ist ein großes Märchen! Wir leben in einer Zeit der großen Ablenkung: der Nachrichtenbildschirm in der Arztpraxis oder Apotheke, flimmernde Werbung im Supermarkt, Smartphones und iPads in Autos, auf Sofas und im Laufstall der Kleinkinder."[4] ... Der Begriff Multitasking kommt aus dem IT-Bereich. „Ursprünglich ist damit die Fähigkeit eines Betriebssystems gemeint, mehrere Aufgaben gleichzeitig auszuführen." Die Mehrheit der Studien zeigt: „Leistungen steigen nicht, wenn Menschen parallel zahlreiche Informationskanäle nutzen und gleichzeitig versuchen, eine Aufgabe zu lösen. Der Grund: Das Gehirn sieht sich mit einer völlig neuen Form der Wahrnehmung konfrontiert."

> „Multitasker glauben zwar subjektiv, besonders leistungsstark zu sein, aber die Realität sieht anders aus."[5]

Beim aktiven Multitasking sinkt die Effizienz der Arbeit, und die Fehlerquote geht nach oben. Das Gehirn teilt nämlich seine Ressourcen auf mehrere Aufgaben auf, wobei es Denkleistung von der zentralen „Task" abzieht, um die nebensächlichen Aufgaben parallel zu bearbeiten. „Wir können unser Großhirn ausquetschen wie Zitronen und müssen dennoch schmerzlich feststellen, dass Konzentration und Ergebnis beim mehrfach parallelen Arbeiten unweigerlich leiden", stellt Joachim Müller-Jung in der FAZ fest.[6] Handelt es sich um Routineaufgaben, fällt das nicht weiter auf, etwa bei der beliebten Kombination aus Bügeln und Fernsehen. Der Haken dabei: Werden die Aufgaben komplexer, fällt es uns nicht mehr leicht, zwischen den Gehirnregionen zu wechseln. Der Arbeitsprozess wird ineffizient![7]

Ein großes Problem stellt heute der Terror durch E-Mails dar. „Dieser Overload hat üble Folgen: Die stets wachsende E-Mail-Menge macht es unmöglich, sich vernünftig mit diesen Informationen zu befassen", sagt Danny Verdam, Spezialist für Gesundheitsprozessberatung. Der Diplombetriebswirt stellt fest:

> „Viele Mitarbeiter haben auf dem Heimweg und zu Hause das Gefühl, etwas nicht erledigt zu haben."[8]

Von Erholung könne da keine Rede sein. Dazu wird in diesem Buch eine interessante Statistik angeführt:

48 % der Manager

„So groß ist der Anteil in der Führungsebene, der es als Belastung empfindet, immer zeitnah auf E-Mails zu reagieren. Genau eine Minute – so lange dauert es, bis ein Mitarbeiter einen Gedankengang fortsetzt, den eine neue E-Mail unterbrochen hat. Wer seinen E-Mail-Eingang alle fünf Minuten prüft, verbringt damit pro Woche 8,5 Stunden."[9]

[1] Vgl. Csikszentmihalyi, Mihaly: „Flow – der Weg zum Glück; 2010
[2] https://de.wikipedia.org/wiki/Flow_(Psychologie); aufgerufen 01.11.21
[3] https://www.deutschlandfunkkultur.de/studie-zu-multitasking-frauen-koennen-es-auch-nicht-besser.1008.de.html?dram:article_id=456333, aufgerufen 01.11.21
[4] Vgl. Lembke, Gerald – Leipner, Ingo: „Zum Frühstück gib's Apps"; 2014; Seite 16
[5] Vgl. Lembke, Gerald – Leipner, Ingo: „Zum Frühstück gib's Apps"; 2014; Seite 17
[6] www.faz.net/aktuell/feuilleton/debatten/digitales-denken/; aufgerufen 17.01.2014; zitiert nach Lembke, Gerald – Leipner, Ingo: „Zum Frühstück gib's Apps"; 2014; Seite 18
[7] Vgl. Lembke, Gerald – Leipner, Ingo: „Zum Frühstück gib's Apps"; 2014; Seite 18
[8] Vgl. Lembke, Gerald – Leipner, Ingo: „Zum Frühstück gib's Apps"; 2014; Seite 121
[9] Vgl. Lembke, Gerald – Leipner, Ingo: „Zum Frühstück gib's Apps"; 2014; Seite 122

III. Stress

Noch nie hatten die Menschen so viel freie Zeit wie heute. Und trotzdem hört man überall die Klage über Stress, Hektik, Beschleunigung.

Stress resultiert vor allem aus Botschaften von uns selbst, die mit „Ich muss …" beginnen. Solche Botschaften bedeuten automatisch, dass wir etwas nicht gern machen, dass wir vielleicht einfach gegen unseren Willen etwas tun. Wenn wir zu uns selbst Sätze sagen wie: „Ich sollte …" zum Beispiel abnehmen, ist das ein Hinweis darauf, dass wir uns selbst schlecht behandeln. Generell ist im Wörtchen „soll" bereits die Entschuldigung enthalten, etwas nicht zu tun. Diese negativen Denkmuster können Sie durch positive ersetzen. Anstatt eine Botschaft mit „Ich muss …" zu beginnen, können Sie zum Beispiel sagen: „Ich entscheide mich für …"[1]

Stress ist auch eine Folge von Aufschieberitis. Wenn plötzlich die Zeit für eine Aufgabe oder ein Projekt knapp wird, dann bekommen wir Stress. Meistens ist das hausgemacht, weil wir normalerweise genügend Zeit zur Verfügung haben für die Umsetzung dessen. Im Grunde ist hier die Lösung einfach: Beginne frühzeitig und schiebe nicht auf. Ein Hauptgrund für Aufschieberitis ist die Perfektion. Sie möchten es perfekt machen und das verhindert, dass Sie heute schon damit beginnen. Aber das ist in Wahrheit eine

Ausrede und durch das Aufschieben bekommen Sie am Ende natürlich Zeitdruck.

Lernen Sie, Nein zu sagen! Sollten Sie Kinder im Alter von zwei Jahren haben, dann kennen Sie sicherlich die Phase, in dem sie zu fast allem Nein sagen. Neil Fiore meint in „Vorbei mit der Aufschieberei", dass das durchaus auch als Möglichkeit aufgefasst werden kann, sich des eigenen Wertes als Mensch zu erinnern: Ich muss nicht alles tun, um zu beweisen, dass ich liebenswert bin. Viele Erwachsene sehen nur dann die Möglichkeit, Nein zu sagen, wenn sie krank sind. Vielleicht ist das für einige scheinbar die einzige Möglichkeit, einmal Nein zu sagen.[2]

Stress ist ja, wie wir alle wissen, nur ungesund, wenn es ein Dauerzustand bleibt. Es gibt vielleicht noch einige wenige von uns, die glauben, je mehr Stress ich habe, desto besser lerne ich, damit umzugehen und umso abgehärteter werde ich. Das entspricht leider nicht der Wahrheit. Ein Zuviel an Stress macht mich auf Dauer krank und eben nicht härter. Wer seine Lebensbereiche im Einklang hält und selten oder nie in Zeitstress gerät, hat viermal häufiger eine hohe Lebenszufriedenheit als jemand, der aus zeitlichen Gründen oft gestresst ist.[3]

Wenn Sie nun mal aber Stress bekommen haben, und das ist unvermeidbar, auch für den besten Yogi, dann gibt es viele Möglichkeiten, um wieder herunterzukommen. Ich bevorzuge es immer, mich in die Natur zu begeben und mich da zu bewegen. In Südtirol sind wir gesegnet, was das betrifft. Wir müssen uns normalerweise nicht weit von zu Hause entfernen, um einen Wald- oder Berglauf zu machen oder irgendwo in den Wiesen spazieren zu gehen. Wem das nicht so liegt, der kann zu Hause irgendeine Entspannungsübung durchführen, deren Augenmerk meistens auf der korrekten Durchführung der Atmung (Zwerchfell) liegt. Ich möchte hier nicht weiter auf dieses Thema eingehen, dafür gibt es ausreichend Literatur dazu.

> „Ich habe keine Zeit, mich zu beeilen."
> *Igor Strawinsky*[4]

Viele Leute beklagen sich, dass sie ständig erreichbar sein müssen beziehungsweise es freiwillig sind und dass dieser Zustand in ihnen Stress auslöst. Dazu habe ich eine klare Meinung: Schalten Sie Ihr Handy aus für den Zeitraum, den Sie benötigen, um damit klarzukommen. Da wenden Sie mit Sicherheit ein, dass das in der heutigen Zeit nicht möglich ist. Oder Sie sagen: Ich bin ein Manager, das geht bei aller Liebe nun wirklich nicht. Ich sage Ihnen aber: Es geht! Sie müssen es nur wollen! Ich kenne einen sehr erfolgreichen Unternehmer, der beileibe noch nicht zum alten Eisen gehört. Dieser Unternehmer hat nur sein stationäres Telefon im Betrieb. Er selbst besitzt kein Handy. Er hat nie eines besessen. Dabei handelt es sich um einen Pionier in der Brunch-Branche. Vielleicht sagen Sie: Nun ja, das sind ja alles vorhersehbare und bekannte Abläufe. Da haben Sie vielleicht recht! Aber er betreibt gleichzeitig auch einen überaus erfolgreichen Catering-Service. Da können Sie sich wirklich nicht mehr vorstellen, wie das ohne Handy machbar ist. Und doch ist es das. Es klingt auch für mich schier unglaublich. Daraus sehen wir: Wenn wir nur wollen, ist fast alles möglich!

> „Wollen Sie in einer Welt voller Stress die bestmögliche Leistung bringen, so ist es ratsam, sich ein sicheres und unangreifbares Selbstwertgefühl zu schaffen."
> *Neil Fiore*[5]

Ich weiß aus eigener Erfahrung, dass es möglich ist, sein Selbstwertgefühl zu steigern. Selbstbewusstsein ist nicht angeboren, es wird durch die Erziehung und das Umfeld mitgegeben oder es muss „antrainiert" werden. Dazu gibt es mehrere Methoden, auf die ich in diesem Buch nicht näher eingehen möchte.

Mittlerweile bin ich selbst draufgekommen, wie viel Zeit uns die Flut an Informationen über die gesamten Apps eigentlich Zeit rauben beziehungsweise ablenken von den für uns wichtigen Dingen. „Wenn man zum Beispiel online etwas Produktives machen will, und das E-Mail-Programm dauernd neue E-Mails hereinlädt oder der Browser Facebook-Nachrichten aufpoppen lässt, wird man durch kurzfristige „Deadlines" abgelenkt, anstatt seine Zeit wertvoll in das, was man eigentlich online erledigen wollte, zu tauschen. Man hat danach zwar das Gefühl, richtig viel getan zu haben, doch kommt man bei den wichtigen Dingen keinen Schritt voran."[6] Die Lösungen kennen wir bereits mehr oder weniger, nur setzen die wenigsten sie um. In der Zeit, wo wir produktiv sein möchten, müssen wir nur die

Auslöser für die Ablenkungen erkennen und sie abschalten. Meine effektivste und gleichzeitig simpelste Methode ist, das Handy auf lautlos zu schalten und es auf die Display-Seite zu legen, dass ich auch visuell nicht abgelenkt werde.

Wenn Sie einen Schritt weiter gehen möchten: Es gibt in der Zwischenzeit sogar Apps gegen Stress! Lesen Sie dazu Gerald Lembke, Ingo Leipner: Zum Frühstück gibt's Apps.[7]

---

[1] Vgl. Fiore, Neil: „Vorbei mit der Aufschieberei"; 2007; Seite 87
[2] Vgl. Fiore, Neil: „Vorbei mit der Aufschieberei"; 2007; Seite 85
[3] Vgl. Sotomo GmbH; Zeit-Studie 2017; Seite 2
[4] https://www.gutzitiert.de/
[5] Vgl. Fiore, Neil: „Vorbei mit der Aufschieberei"; 2007; Seite 70
[6] Vgl. Dr. Hosp, Julian: Das Timehorizon Prinzip; 2019; Seite 290
[7] Vgl. Lembke, Ingo Leipner: Zum Frühstück gibt's Apps; Springer-Verlag Berlin Heidelberg 2014; S. 252ff.

IV. Veränderung

Für Veränderung ist nie der richtige Zeitpunkt. „Für die wichtigen Dinge im Leben ist der Zeitpunkt immer ungünstig. Sie warten auf den richtigen Moment, um Ihren Job zu kündigen? Es werden nie alle Sterne günstig stehen. Die Bedingungen sind nie vollkommen. Doch sie könnten schlechter werden. Denn irgendwann sorgt vielleicht eine Krankheit dafür, dass Sie Ihre Träume mit ins Grab nehmen. Wenn etwas wichtig für Sie ist und Sie es „irgendwann einmal" tun wollen, dann tun Sie es einfach jetzt und korrigieren Sie den Kurs unterwegs."[1] Fangen Sie einfach an, und zwar jetzt! Auch wenn Sie noch gar nicht wissen wie! Das Wie kommt eben von ganz allein![2] Hermann Scherer sagt dazu: „Der Appetit kommt beim Essen!"[3] Wenn Sie aber nicht anfangen, dann werden Sie es nie tun. Weil Sie es perfekt angehen wollen und noch vorher alles planen möchten. Aber diese Perfektion verhindert, dass Sie überhaupt mal mit deiner Veränderung beginnen. Denken Sie dabei an die wichtigsten Ereignisse in Ihrem Leben. Also wirklich an die ganz Wichtigen! Die Ihrem Leben einen Wendepunkt gegeben haben! Seien Sie ehrlich, waren diese Ereignisse von langer Hand geplant? Wahrscheinlich nicht! Also genau deshalb ist es so wichtig zu beginnen, bevor wir wissen, wie wir es genau umsetzen wollen!

Dr. Julian Hosp spricht in seinem Buch „Das Timehorizon Prinzip" von der „Was-Warum-Wie-Erfolgsformel".[4] Die Reihenfolge, wie wir zukünftige Herausforderungen angehen sollten, sollte dieser Regel entsprechen. Zuerst müssen wir uns klar sein, was wir machen möchten, und im nächsten Zuge bewusst sein, warum wir es wollen. Wenn wir nicht sicher sind, warum wir etwas tun, dann wird das, was wir tun, nie genug sein. Und dann erst in einem dritten Schritt können wir uns Gedanken machen, wie wir es angehen möchten. Die meisten Menschen beginnen gleich mit dem „Wie" und scheitern dann des Öfteren auf lange Sicht.

> „Veränderung zu meinem wahren Ich passiert nur, wenn es mir egal ist, was die anderen über mich denken."[5]

Wenn Sie sich verändern möchten, gibt es immer auch Widerstände in Ihrem Umfeld. Um die zu überbrücken, brauchen Sie den nötigen Mut und Selbstvertrauen. Auch könnten Sie Angst vor der Veränderung haben. Im Grunde ist das Leben wie ein Kreislauf. Wenn Sie in eine scheinbare Sackgasse geraten und keinen Ausweg mehr finden, dann ist auch das nur ein Zeichen von zu wenig Selbstvertrauen. Und noch etwas! Herrmann Scherer ist sich sicher, dass es keinen Satz gibt, der mehr Träume zerstört hat als dieser:

„Was sollen denn die Leute denken, wenn du das machst?"[6]

Das Schöne ist ja, dass wir uns verändern können, wenn wir nur wollen. Wenn ich an meinen beruflichen Werdegang zurückdenke, dann wird mir klar: Leicht war es nicht! Ich muss zugeben, als ich noch eine leitende Stelle in einem mittelgroßen, landwirtschaftlichen Industriebetrieb innehatte, habe ich mir das zuerst nicht vorstellen können. Ich habe mich in diesem berüchtigten Hamsterrad gesehen und fühlte mich hilflos und ohnmächtig. Ich sah keinen Ausweg zu entkommen. Aber ich habe einfach immer mehr gespürt, dass ich in die falsche Richtung gehe. Ich wusste zum damaligen Zeitpunkt nur, dass ich etwas ändern musste. Und so habe ich es dann einfach gemacht! Ich habe von heute auf morgen den Entschluss getroffen zu kündigen, um keine Ausreden mehr zu haben. Ich musste mir viel Kritik von meinem Umfeld anhören, aber ich habe in meinem Herzen gespürt, auch wenn es noch so schwierig wurde, dass ich die richtige Entscheidung getroffen habe. Ich habe für dasselbe Geld mehr und länger arbeiten müssen, aber ich habe mich gleichzeitig tausendmal besser gefühlt. Und glücklicher! Herrmann Scherer sagt dazu passend: „Glück ist eine Überwindungsprämie!"[7]

Entscheidungen

> „Wer über jeden Schritt lange nachdenkt, der steht sein Leben lang auf einem Bein." *Buddha*[8]

Veränderungen setzen Entscheidungen voraus. Das Wort Entscheidung bedeutet auch, dass Sie sich für eine bestimmte Sache entscheiden, indem Sie sich gleichzeitig von einer anderen Sache scheiden. Sich von einer anderen Möglichkeit trennen. Sie entscheiden sich, entweder alles so zu belassen wie bisher, das beinhaltet, dass keine Veränderung passiert, oder Sie entscheiden sich, einen neuen Weg zu gehen. Und das ist die Basis für die potenziell darauffolgende Veränderung. Grundsätzlich ist es immer besser, eine Entscheidung zu treffen, also sich auf etwas festzulegen, als überhaupt keine Entscheidung zu treffen. Wichtig ist, dass Sie die einmal getroffene Entscheidung nicht bereuen. Seien Sie sich immer bewusst: Zum Zeitpunkt der Entscheidung haben Sie aufgrund besten Wissens und Gewissens, das Sie hatten, eben unter diesem Gesichtspunkt Ihre Entscheidung getroffen. Hinterher sind Sie oft schlauer. Aber eben nur mit mehr Vorwissen hätten Sie vielleicht eine andere Entscheidung getroffen.

> „Das schwierigste an Veränderungen ist, nicht die gleichen Entscheidungen zu treffen wie am Tag zuvor."
> *Dr. Joe Dispenza*[9]

Nicht jedem fällt es leicht, Entscheidungen zu treffen. Das will, wie so vieles, gelernt sein. Als Jugendlicher konnte ich mich des Öfteren nicht entscheiden zwischen zwei Angeboten, zum Beispiel mich mit diesen oder jenen Freunden zu treffen oder zwischen zwei Veranstaltungen. Es hat nach der Entscheidungsfindung manchmal ein unangenehmes Gefühl ausgelöst, als hätte man sich falsch entschieden. Ich muss sagen, meine Tätigkeit als Fußballtrainer hat mir dabei sehr geholfen, in kurzer Zeit viele Entscheidungen zu treffen. Und ich habe schnell gelernt, hinter diesen Entscheidungen zu stehen.

Haben Sie sich erst einmal auf den Weg gemacht, etwas zu verändern, so sollte auch sichergestellt sein, dass Sie nicht von einem plötzlich auftretenden Problem entmutigt werden. Eingeplante Rückschläge ermöglichen es Ihnen, eine gewisse Flexibilität sowie Widerstandsfähigkeit einzubauen. Wenn Sie etwas Neues probieren, sollten Sie mit einem Rückschlag rechnen. Kein Weg ist ohne Steine. Erfolgreiche Menschen erleben viele Fehlschläge, sie stehen aber immer wieder auf und versuchen, beweglich zu sein und immer weiterzumachen. Sie wissen, dass ein Fehler nicht das Ende der Welt bedeutet. Langfristig erfolgreiche Menschen halten an Ihren Visionen fest und nehmen gleichzeitig ständig Anpassungen an negative Rückmeldungen vor.[10] Bei einer Befragung von Marathonläufern über Zielerreichung und Konzentrationstechniken fand Neil Fiore heraus, dass ein entscheidender Teil ihres Trainings als Langstreckenläufer daraus besteht, das Ziel einfach loszulassen und bei dem zu bleiben, was sie in diesem Augenblick gerade tun – und das mehr als zwei Stunden lang. Den Läufern geht auf der Marathonstrecke von 42 Kilometern und 195 Metern viele Male der Gedanke durch den Kopf: „Ich schaffe das nicht ..." Sie sind jedoch an diese Art von Ablenkung gewöhnt und haben sich darauf vorbereitet, sich durch solche Gedanken daran erinnern zu lassen, was sie in diesem Augenblick tun können, und sich darauf zu konzentrieren. Sie haben immer eine Selbstaufmunterung im Kopf, wie etwa: „Den nächsten Schritt schaffe ich noch und dann den nächsten ... Ich werde weitermachen bis zum Ende, auch wenn ich langsamer laufen muss und bei den nächsten Schritten die Füße nur noch nachziehen kann. Dann werde ich sehen, ob ich auch gewinnen kann." Ein Läufer, der bereits an den Olympischen Spielen teilgenommen hatte, vertraute mir an: „Wenn ich zu viel daran denke, die Ziellinie zu erreichen, verliere ich an Geschwindigkeit, egal ob ich vorne liege oder hinten. Ich musste mir antrainieren, meine Aufmerksamkeit vom Ziel weg und auf den nächsten Schritt zu lenken, auf den Vorgang, im Rennen zu bleiben."[11]

> „Wer will, findet Wege, wer nicht will, findet Gründe!"[12]

Ein Hemmnis, sich zu ändern, ist auch die Methode der Schuldzuweisung. Jemandem die Schuld zu geben, ist Zeitverschwendung, denn das ändert sie nicht. Zudem ist diese Vorgangsweise verantwortungslos. Ich weise die Verantwortung von mir ab, indem ich jemand anderem die Schuld für mein Problem gebe. Im Grunde sind das nichts anderes als Ausreden und es ist gleichzeitig ein klares Statement: Ich will mich nicht ändern! Ich will mich nicht bewegen! ICH will nicht! Die Lösung ist naheliegend: Sie müssen für Ihre Situation unbedingt die Verantwortung übernehmen. Im Wort Verantwortung liegt das Wort Antwort. Das bedeutet, wenn Sie hier und jetzt etwas verändern möchten, müssen Sie nach einer anderen Antwort suchen. Sie müssen eine andere Antwort auf die Situation geben als bisher!

Rituale

Im Zuge einer Veränderung spielen Rituale eine besondere Rolle. Am Anfang jeder Änderung steht die Willenskraft. Ohne sie geht gar nichts! Aber wenn ich immer für irgendeine Tätigkeit Willenskraft aufbringen muss, dann verlangt das natürlich unheimlich viel Substanz. Und wenn das Warum etwas nachlässt und wir nur ein bisschen zu grübeln beginnen, dann ist die Gefahr groß, dass wir mit der Umsetzung unserer angestrebten Änderung nachlassen. Und daran scheitern sehr viele! Und das ist doch klar! Deshalb empfehlen Psychologen und Persönlichkeitsentwicklungscoaches, die mit Willenskraft eingeführte neue Handlung, die zuerst zur Gewohnheit wird, in ein Ritual umzuwandeln! Dadurch senke ich meinen Energieverbrauch erheblich. Es geht fast von allein. So wie das Autofahren! Am Anfang scheint es für viele fast unmöglich zu sein, es zu lernen. Und ein halbes Jahr nach der Führerscheinprüfung können Sie es sich schon nicht mehr vorstellen, was daran so schwierig sein konnte beziehungsweise war.

Was ist ein Ritual überhaupt? Ein Ritual (von lateinisch ritualis „den Ritus betreffend") ist laut Wikipedia eine nach vorgegebenen Regeln ablaufende, meist formelle und oft feierlich-festliche Handlung mit hohem Symbolgehalt. Sie wird häufig von bestimmten Wortformeln und festgelegten Gesten begleitet und kann religiöser oder weltlicher Art sein (zum Beispiel Gottesdienst, Begrüßung, Hochzeit, Begräbnis, Aufnahmefeier usw.). Der Unterschied zu einer Gewohnheit ist hauptsächlich der bewusst festgelegte Ablauf mit einem klar definierten Anfang und Ende. Die festgelegten Gesten helfen Ihnen dabei, die Umsetzung zu erleichtern.[13]

Umsetzung

Friedrich Dürrenmatt sagte einmal:

> „Das Rationale am Menschen sind die Einsichten, die er hat. Das Irrationale an ihm ist, dass er nicht danach handelt."[14]

Wir wissen doch alle: Erst die Umsetzung macht den Unterschied und führt zu den gewünschten Ergebnissen. Diese Umsetzung gelingt nur mit Disziplin. Einer der Hauptgründe, warum wir oft an diesem Punkt scheitern, ist, dass wir den Startzeitpunkt der Umsetzung zu lange hinausschieben. Um dieses Problem zu umgehen, hilft Ihnen am besten die allseits bekannte 72-Stunden-Regel anzuwenden, indem Sie sich fragen: Welche ersten Schritte kann ich konkret auf dem Weg zur Erfüllung meiner Ziele in den nächsten 72 Stunden unternehmen? Diese Regel beruht angeblich auf einer Studie aus den USA. Die Regel besagt, dass Projekte, die in den ersten 72 Stunden nach der Festlegung des Ziels begonnen werden, zu über 90 Prozent erfolgreich abgeschlossen werden. Wird erst nach mehr als 72 Stunden begonnen, sinkt die Erfolgsquote auf weniger als 10 Prozent. Aus meiner Erfahrung kann ich bestätigen, dass es am besten ist, direkt im Anschluss an die Zielbestimmung die ersten Schritte zu unternehmen. Am einfachsten erstellen Sie sich eine To-do-Liste mit den Aufgaben, die es benötigt, um Ihr Ziel zu erreichen. Und dann beginnen Sie mit der Aufgabe, die Ihnen in dem Moment am wichtigsten erscheint, damit Sie mit den anderen weitermachen können.

Mindestens genauso wichtig ist es, denke ich, wenn wir uns gleichzeitig im Rahmen unserer Umsetzung eine Not-to-do-Liste anlegen. Manchmal erscheint es einfach sinnvoll, klar zu definieren, was setze ich nicht um, weil ich es als nicht wichtig erachte oder weil ich nicht interessiert bin oder weil ich schon etwas Ähnliches für mich Geeigneteres mache!

Die Umsetzung von Zielen verlangt auch, dass ich mich voll und ganz darauf einlasse. Im Projektmanagement lernen wir, dass wir unsere Hauptziele in Teilziele und diese wiederum in Teilaufgaben hinunterbrechen. Oft ergibt das natürlich Sinn, da wir sonst nicht wissen, wo wir anfangen sollen. Aber bei manchen Entscheidungen, zum Beispiel wenn wir das Rauchen aufgeben möchten, hindert uns diese Strategie an einer erfolgreichen Umsetzung. Wie die meisten Raucher bereits die bittere Erfahrung machen mussten, funktioniert es nicht, zu Beginn einfach weniger Zigaretten am Tag zu rauchen und dann Woche für Woche noch weniger. Oder genauso wenig funktioniert es beim „Rauchenlassen", die Umsetzung nur auf einige Tage zu beschränken.

[1] Ferriss, Timothy: „Die 4-Stunden Woche"; 2020; Seite 46
[2] Schäfer, Bodo: Online-Kurs: „Zeit zu gewinnen";
[3] https://youtu.be/qmelUOZNuY8; aufgerufen 01.11.21
[4] Vgl. Dr. Hosp, Julian: Das Timehorizon Prinzip; 2019; Seite 122
[5] Verfasser unbekannt
[6] https://youtu.be/qmelUOZNuY8; aufgerufen 01.11.21
[7] https://youtu.be/qmelUOZNuY8; aufgerufen 01.11.21
[8] https://www.spruechetante.de/sprueche-sammlung/index.php/wer-ueber-jeden-schritt-lange-nachdenkt/; aufgerufen 01.11.21
[9] https://m.facebook.com/Erfolgsmensch/photos/pcb.4498202166924243/4498201933590933/?type=3&source=49&__tn__=EH-R, aufgerufen 01.11.21
[10] Vgl. Fiore, Neil: „Vorbei mit der Aufschieberei"; 2007; Seite 189
[11] Vgl. Fiore, Neil: „Vorbei mit der Aufschieberei"; 2007; Seite 195
[12] https://www.spruchwelt.com/spruch/wer-will-findet-wege-wer-nicht-will-findet-gruende; aufgerufen 01.11.21
[13] https://de.wikipedia.org/wiki/Ritual; aufgerufen 01.11.21
[14] https://www.zitate.eu/autor/friedrich-duerrenmatt-zitate/134091; aufgerufen 01.11.21

V. Unsere Einstellungen

Es erscheint mir wichtig, uns folgende Fragen zu stellen: Was sind Einstellungen? Und wie entstehen unsere Einstellungen? Im Grunde bilden wir uns zu Beginn immer eine Meinung über etwas, indem wir zu irgendeinem Thema etwas hören. Wir tendieren grundsätzlich als Menschen dazu, eine Bestätigung für unsere Meinung zu finden. Und so suchen wir nach mehreren Beweisen und Geschichten, die unsere Meinung stützen. Das passiert durch die selektive Wahrnehmung. Wir sehen nur das, was wir sehen wollen. Und so entsteht dann ein Glaubenssatz. Und aus Glaubenssätzen werden irgendwann Überzeugungen. Uns muss zudem eines klar sein: Unsere Glaubenssätze und Überzeugungen bestimmen dann leider unser Verhalten!

Glaubenssätze geben allem eine Bedeutung. Zum Beispiel kann ich den Glaubenssatz „Sport ist Mord" verinnerlicht haben. Im Gegensatz dazu kann ich aber auch den Glaubenssatz „Sport gibt mir Energie" haben. Die Frage ist: Sind meine Glaubenssätze hilfreich oder nicht? Es geht dabei nie darum, ob Glaubenssätze richtig oder falsch sind.

Zunächst müssen wir uns bewusst sein, dass wir Glaubenssätze verändern können. Das geschieht dadurch, indem wir uns der bisherigen Glaubenssätze bewusst werden und anschließend durch neue ersetzen. Ein Glaubenssatz von mir war lange und nicht unbedingt hilfreich, dass ich glaubte, Schmerzen sind etwas Negatives und Sinnloses.

Das klingt im ersten Moment vielleicht etwas komisch. Sie fragen sich jetzt bestimmt, wie meint er das jetzt, haben Schmerzen irgendwie irgendeinen Sinn? Tatsächlich, die Vorstellung beziehungsweise der neue Glaubenssatz, dass meine schmerzhafte Hüftarthrose mich doch nur alarmieren will, dass die Spannung und der Druck auf das Gelenk so hoch sind, dass eine Schädigung bei jeder weiteren Bewegung die Folge ist, haben mich dazu bewogen, mich mehr zu dehnen und der fortschreitenden Erkrankung Einhalt zu gebieten. Somit habe ich den Begriff Schmerz für mich neu definiert. Ich habe ihm eine Art Schutzfunktion zugeordnet. Und das hat bis heute mein Verhalten wesentlich beeinflusst.

Manchmal höre ich Leute sagen: „Ich habe einfach keine Zeit!" Das ist im Grunde ein Mangeldenken. Und durch das ständige Wiederholen dieser Aussage beziehungsweise dieses Gedankens manifestiert sich das in unserem Leben und wir haben das Gefühl, tatsächlich für viele Sachen nicht Zeit zu haben. In der Folge haben wir dann meistens zusätzlich noch ein schlechtes Gewissen. Abhilfe dagegen beschert uns die Möglichkeit, diesen Glaubenssatz durch einen anderen Glaubenssatz zu ersetzen. Am leichtesten geschieht das durch Affirmationen. Sagen Sie immer wieder laut zu sich selbst: „Ich habe genügend Zeit!"[1] und wiederholen Sie diese Aussage mindestens einmal am Tag. Zusätzlich versuchen Sie, sich dabei zu ertappen, wenn Sie schon wieder reflexartig zu anderen oder zu Ihnen selbst sagen möchten, dass Sie keine Zeit haben. Halten Sie inne und sagen stattdessen bewusst: „Ich habe genügend Zeit!"

Aufschieberitis

> „Warte nie, bis du Zeit hast, denn dann könnte es zu spät sein."
>
> *Chinesisches Sprichwort*[2]

Sinnvoll erscheint mir, kurz der Frage nachzugehen, warum wir Sachen oder Dinge aufschieben. Neil Fiore schreibt in seinem Buch „Vorbei mit der Aufschieberei", dass wir Menschen nicht grundsätzlich faul sind und Dinge vor uns herschieben, sondern dass es eine Art Schutzmechanismus ist, der uns dabei helfen soll, Ängste in Zusammenhang mit einer Entscheidung oder mit dem Beginnen oder Beenden einer Aufgabe zu bewältigen (zum Beispiel weil sie uns als zu groß erscheinen). Vor allem Menschen, die perfektionistisch eingestellt sind, sind für Aufschieberitis anfällig. Sie haben Angst davor, kritisiert zu werden oder zu versagen. Im Grunde wird bei uns da eine Urangst ausgelöst, aus einer Gruppe ausgestoßen zu werden oder nicht mehr zugehörig zu sein. Die Folge ist dann das nicht Beginnen einer Aufgabe oder das ständige Aufschieben. Dass wir nicht von Natur aus faul sind, beweist die Tatsache, dass wir bei Dingen, die uns begeistern, oder auch bei Hobbys, meist keine Zeit verlieren, um aktiv zu werden.[3]

Manchmal ist Aufschieberitis die Folge einer Tätigkeit, die wir nicht besonders mögen. Dazu fallen dir bestimmt aus dem Stand zig Sachen ein. Oft ist der Grund für das Aufschieben, dass wir bereits in Erwartung negativer Ergebnisse sind. Wenn wir bereits im Vorfeld wissen, dass diese Tätigkeit für uns nicht gut ausgeht, dann schieben wir sie vor uns her. Zum Beispiel könnte das ein schwieriges Gespräch mit Ihrem Chef oder Ihrem Ex-Partner sein. Leider bleibt uns manchmal nur die Wahlmöglichkeit, uns für das kleinere Übel zu entscheiden.

Neil Fiore schlägt ein „Tagebuch des Aufschiebens" vor. Er meint, wenn Sie aufschreiben, wie Sie Ihre Zeit verbringen, dann erhalten Sie wertvolle Hinweise darauf, in welchen Bereichen Sie ineffizient arbeiten oder Zeit verlieren. Sie werden erkennen, wo Sie korrigierend eingreifen müssen. Ohne derartige Aufzeichnungen ist es praktisch unmöglich, aus vergangenen Fehlern zu lernen. Denken Sie zum Beispiel an die vergangene Woche. Wissen Sie noch, was Sie im Einzelnen getan haben, wie viel Zeit Sie verloren und welche Gefühle dazu geführt haben, dass Sie Dinge aufgeschoben haben? Sicher nicht! Aus diesem Grund rät Neil Fiore, dass nur durch das Aufschreiben der Tätigkeiten und der Gedanken es Ihnen ermöglicht, Ihre Zeit und Ihre Verhaltensmuster zu kontrollieren.[4]

Perfektionismus

Ihr Anspruch an Perfektionismus äußert sich dadurch, dass Sie alles möglichst korrekt machen möchten. Sie handeln streng nach Normen und Regeln, um möglichst keine Fehler zu begehen. Im Grunde steckt hinter dem Perfektionismus aber nicht nur die Freude daran, etwas so gut wie möglich zu machen, sondern auch die Angst davor, kritisiert und abgelehnt zu werden.

Sie können häufig auch schlechter delegieren, weil Sie lieber alles selbst machen wollen. Das Gefühl, nie fertig zu werden, belastet Sie zugleich. Langfristig drohen Burn-out oder Depressionen, manchmal auch Essstörungen, da die hohen Ansprüche zu chronischem Stress führen. Perfektionismus befeuert unser Stresssystem. In unserem Gehirn gibt es ein sogenanntes Antriebs- und Vermeidungssystem. Wir streben danach, Dinge zu erreichen, die sich gut anfühlen (Antrieb) und andere Dinge zu vermeiden, die uns Angst machen (Vermeidung). Allein der starke Wille, finanziell erfolgreich zu sein, die Mutterrolle perfekt auszufüllen oder endlich den Durchbruch mit der Karriere zu schaffen aktiviert unser Stresssystem. Wenn dann noch Versagensängste hinzukommen oder das chronische Gefühl „nicht – gut – genug" zu sein, dann entsteht eine gefährliche Mischung von Stresshormonen, die unsere perfektionistischen Tendenzen ins Gehirn förmlich „einbrennen". Die Folge: Wir verausgaben unsere Kraft und Energie und kommen kaum mehr in den Erholungsmodus.[5]

Manchmal lässt Perfektionismus uns gar nicht erst beginnen, weil wir Angst vor Fehlern haben.

Pareto

Die Pareto-Methode, auch bekannt als 80/20-Regel, stellt die Beziehung zwischen Aufwand und Ergebnis beziehungsweise zwischen Einsatz und Ertrag dar. Sie besagt, dass 80 Prozent der Wirkung durch 20 Prozent der beteiligten Faktoren erreicht werden können. Anders ausgedrückt sind 20 Prozent des Aufwands für 80 Prozent des Ergebnisses verantwortlich.

Vilfredo Pareto, auf den diese Regel zurückgeht, untersuchte 1906 die Verteilung des Grundbesitzes in Italien und fand heraus, dass ca. 20 Prozent der Bevölkerung ca. 80

Prozent des Bodens besitzen. Im Jahr 1989 wurde festgestellt, dass 20 Prozent der Bevölkerung 82,7 Prozent des Weltvermögens besitzen.[6] Ein typisches Beispiel, das oft genannt wird, ist, dass bei vielen Unternehmen 80 Prozent des Umsatzes mit 20 Prozent der Produkte oder Kunden gemacht wird. Auf das Zeitmanagement übertragen bedeutet das Pareto-Prinzip: Bei richtiger Verteilung der Prioritäten lassen sich mit 20 Prozent des Aufwands häufig 80 Prozent der gesamten Arbeit erledigen.

Heutzutage wird das Pareto-Prinzip häufig für Projekt- und Zeitmanagement zur Hilfe gezogen, um wichtige Arbeitspakete zu erkennen und schnelle Fortschritte bei relativ guten Ergebnissen zu erzielen. Es hilft zudem, Arbeiten zu identifizieren, die aufgrund fehlender Effizienz aufgeschoben oder weggelassen werden können. Natürlich kann das Pareto-Prinzip nicht immer und überall angewendet werden. Manchmal reicht es nicht aus, nur 80 Prozent der Ergebnisse zu haben. Um hundertprozentige Ergebnisse zu erzielen, benötigt man 100 Prozent der Bemühungen. Auf den Punkt gebracht weist uns die Pareto-Regel darauf hin, dass es meistens ausreichend ist, wenn wir uns hauptsächlich auf die wichtigen Aufgaben konzentrieren!

Behalten Sie bitte diese zwei Binsenweisheiten im Kopf:

1. „Etwas Unwichtiges wird auch dadurch, dass man es gut erledigt, nicht zu etwas Wichtigem.

2. Die Tatsache, dass eine Aufgabe viel Zeit in Anspruch nimmt, macht sie nicht wichtig."[7]

Pessimismus

In seinem Buch „Pessimisten küsst man nicht" spricht Martin Seligman von zwei Grundbegriffen im Zusammenhang mit Pessimismus: Erlernte Hilflosigkeit und Erklärungsmuster. Erlernte Hilflosigkeit ist die Reaktion des Aufgebens, des Resignierens. Sie wurzelt in dem Glauben, dass die Art deines Handelns keine Rolle spielt. Mit Erklärungsmuster bezeichnet er die Art und Weise, in der Sie sich selbst gewohnheitsmäßig erklären, warum solche Ereignisse eintreten. Optimistische Erklärungsmuster heben die erlernte Hilflosigkeit auf, pessimistische Erklärungsmuster verstärken sie.[8]

Pessimisten sind überzeugt, dass alles Unerfreuliche lange anhält, dir die Lebensfreude raubt und dein eigener Fehler ist. Den Optimisten setzt das Leben mit ebenso harten Schlägen zu; doch sie denken über ihre Missgeschicke ganz anders. Sie halten Niederlagen für vorübergehend, betrachten sie lediglich als Rückschlage, die nur auf diesen einen Fall beschränkt bleiben. Sie schreiben sich ihr Unglück nicht selbst zu: die Umstände, eine Pechsträhne oder andere Leute haben es herbeigeführt. Solche Menschen lassen sich durch Niederlagen nicht unterkriegen. Eine schwierige Situation betrachten sie als Herausforderung und strengen sich besonders an.[9]

Ich habe mich in jungem Alter gern als Realist bezeichnet. Ein Realist ist im Grunde ein Pessimist mit dem einzigen Vorteil, dass er die Situation manchmal korrekt und wahrheitsgetreu einschätzen kann. In der Rückschau betrachtet, habe ich mir selbst unnötig Grenzen gesetzt. Ich denke, dass ich dadurch viele Gelegenheiten verpasst habe. Auch habe ich sehr oft verschiedene negative Ereignisse, die in meinem Umfeld passiert sind, auf mich persönlich bezogen. Ich haderte des Öfteren mit dem Schicksal. Ich habe mich oft als Pechvogel bezeichnet. Ich kann es heute kaum mehr glauben. Ich fühlte mich gar in einigen Situationen hilflos und ohnmächtig. Das ließ mein Selbstvertrauen schwinden, das sowieso schon nicht ganz stark vorhanden war. Die Hilflosigkeit wirkte sich dann so aus, dass ich immer öfter frühzeitig aufgab. Oder es ließ mich erst gar nicht beginnen. Ich habe mir einige Sachen deshalb nicht zugetraut, sei es beruflich oder privat. Zu meinem großen Glück habe ich Menschen getroffen, die mir überzeugend aufgezeigt haben, dass ich eine Wahl habe, welche Perspektive ich einnehme. Und dass diese veränderte Wahrnehmung einen großen Unterschied ausmacht, wie mein Leben weiter verläuft. Und dass Sie damit keine Zeit verschwenden, deshalb habe ich für Sie dieses Buch geschrieben.

Martin Seligman beweist in seinem Buch, dass Optimismus erlernt werden kann. Der Optimist erlebt ebenso viele Niederlagen und Tragödien wie der Pessimist, aber er bewältigt sie besser. Der Optimist rappelt sich nach einem Misserfolg wieder auf, akzeptiert den erlittenen Verlust und beginnt noch einmal von vorne. Der Pessimist gibt auf und versinkt in Depression. Aufgrund seiner Widerstandskraft erreicht der Optimist unter anderem bei der Arbeit deutlich mehr.[10]

Kurven schneiden

Ich wollte in meinem Leben immer den schnellen Weg gehen, um ans Ziel zu kommen! Ich nannte das den Weg des geringsten Widerstandes. Schlussendlich habe ich aber immer länger gebraucht, ans Ziel zu kommen. Ich habe dabei viele Widerstände gehabt und manchmal Hürden vorgefunden, die fast unüberwindbar waren. Zum Beispiel habe ich bei meinem Studium so wenig Aufwand wie möglich betrieben. Am Ende habe ich dann aber länger gebraucht. Manchmal bin ich deshalb bei Prüfungen durchgefallen. Auch beim Eignungslehrgang habe ich durch zu wenig Vorbereitung Ehrenrunden drehen müssen und habe es dann fast nicht geschafft. Der schnellere Weg, um ein gesundheitliches Problem in den Griff zu bekommen zum Beispiel durch die Übertragung der Verantwortung an den Arzt und durch die schnelle Einnahme von Medikamenten, ist meistens insgesamt der längere Weg. Das Grundproblem wird nicht gelöst und ich muss später noch die Probleme mit den Nebenwirkungen zusätzlich beheben. Bei der Arbeit ist mir einmal passiert, als ich wirklich erst einige Tage dort war, dass ich, weil ich mir nicht Zeit genommen habe, nochmals nachzufragen, und einfach einen Button des Programms drückte, ohne sicher zu sein, was passiert, alle Daten gelöscht habe, die durch geschätzt einem halben Jahr von meinem Vorgänger mühsam ins Programm gepflegt wurden. Das war eindeutig der längere Weg für mich. Ich musste Monate damit verbringen, den Status quo wiederherzustellen. Das hatte dann auch den Effekt, dass ich wirklich alles sehr detailliert gelernt habe, wozu ansonsten nicht Zeit gewesen wäre. Also durch den längeren Weg ist meistens schon auch ein größerer Lerneffekt da. Aber wenn ich das immer von vornherein gewusst hätte, dass ich durch die Entscheidung, den schnellsten Weg zu wählen, länger brauche, als den scheinbar schwierigeren Weg zu wählen, dann hätte ich mich womöglich meistens anders entschieden. Heute weiß ich: Der schnellere Weg ist meistens der längere!

[1] Schäfer, Bodo: Online-Kurs: „Zeit zu gewinnen"
[2] https://www.gratis-spruch.de/sprueche/id/26020; aufgerufen 01.11.21
[3] Vgl. Fiore, Neil: „Vorbei mit der Aufschieberei"; 2007; Seite 26 ff.
[4] Vgl. Fiore, Neil: „Vorbei mit der Aufschieberei"; 2007; Seite 58 ff.
[5] https://www.mbsr-regensburg.de/allgemein/perfektionismus-loslassen/; 06.11.21
[6] https://de.wikipedia.org/wiki/Paretoprinzip; aufgerufen 01.11.21
[7] Ferriss, Timothy: „Die 4-Stunden Woche"; 2020; Seite 86
[8] Vgl. Seligman, Martin: „Pessimisten küsst man nicht"; 1991, Seite 26
[9] Vgl. Seligman, Martin: „Pessimisten küsst man nicht"; 1991, Seite 11
[10] Vgl. Seligman, Martin: „Pessimisten küsst man nicht"; 1991, Seite 253

VI. Unsere Vision

Ich merke Menschen recht schnell ihre innerliche Zerrissenheit an. Stefan Frädrich erklärt diese Situation mit dem guten alten Kompass-Modell: Wenn Ihre Sinn-Kompassnadel nach links zeigt, Ihre Glaubenssätze aber nach rechts und Ihr gegenwärtiges Tun nach unten, was soll dann herauskommen?[1] Wie wollen Sie so ein Ziel erreichen? Es ist doch klar, dass Sie dann in Konflikt sind mit sich selbst, und Ihr Tun und Glauben und Wollen das Ergebnis ist, was es dann ist. Es spiegelt sich Ihre innere Zerrissenheit in Ihren Ergebnissen wider. Es ist nicht nur Pech, wie manch einer schnell zu glauben meint. Und mit diesem Irrglauben und dieser Voreingenommenheit von doch relativ vielen Menschen möchte ich aufräumen und ihnen zumindest bewusst machen, dass es auch anders geht. Dass es Möglichkeiten gibt, sich zu ändern, wenn man denn nur möchte.

Der bekannte Führungskräfte-Coach und Autor des Buches „Gewinner erkennt man am Start, Verlierer auch", Dieter Lange, bezeichnet unseren Lebens-Kompass als Nordstern, an dem wir uns orientieren.[2] In seinen Seminaren mit Führungskräften internationaler Konzerne stellt er immer wieder fest, dass der Großteil der Teilnehmer ihren Nordstern nicht ausdrücken kann, geschweige denn imstande ist, in einem Satz zu sagen, welche zentrale Aufgabe sie im Unternehmen erfüllen. Im Grunde zeigt uns unsere Vision, WAS wir tun wollen und WARUM wir etwas tun wollen. Deshalb sollten wir zuerst auf den Kompass schauen, bevor wir auf die Uhr schauen: Sie zeigt uns, WANN und WIE wir etwas tun können.

Denken Sie von jetzt an bitte immer daran: Was Sie tun, ist unendlich viel wichtiger, als wie Sie es tun. Effizienz ist natürlich wichtig, aber sie ist wertlos, wenn man sie nicht auf die richtigen Dinge anwendet.[3]

> „Du kannst das Leben weder verlängern noch verbreitern, nur vertiefen."
> *Gorch Fock*[4]

Je mehr Zeit wir dort verbringen, wo wir eine einzigartige Fähigkeit besitzen, umso produktiver und glücklicher wird unser Leben. Die meisten Menschen versuchen aber, der Angst vor der unbekannten Zukunft auszuweichen. Und so erleben sie ihre Vergangenheit immer wieder. Immer dieselben Probleme mit dem Chef bei der Arbeit, mit dem Partner in der Beziehung, mit dem Geld am Ende des Monats und und und. „Probleme kann man niemals mit derselben Denkweise lösen, durch die sie entstanden sind" hat schon Albert Einstein gesagt![5] Wie wahr das ist! Und wie befreiend, wenn wir das verstanden haben. Oder wenigstens zu verstehen beginnen.

Die Deadline

> „Die wirklich wichtigen Dinge im Leben haben meist eine hohe Auswirkung, aber keine Deadline."[6]

Wie wissen Sie, was wirklich wichtig im Leben ist? Darauf kann niemand eine bessere Antwort geben als Menschen auf ihrem Sterbebett. Von einer australischen Krankenschwester befragt, was sie denn am meisten bereuen, antwortete auf jeden Fall keiner, dass er zu wenig gearbeitet habe. Die meistgenannten Antworten waren folgende:[7]

1. Das Leben so zu führen, wie man selbst eigentlich will, nicht was andere von einem erwarten
2. Nicht so viel zu arbeiten
3. Gefühle besser auszudrücken
4. Mehr Zeit für Freunde
5. Sich zu entscheiden, glücklicher zu sein

Wahrscheinlich geht es den meisten Menschen so! Aber wie kann es sein, dass wir zwar wissen, was wir wahrscheinlich bereuen werden, und machen es trotzdem nicht besser? Im Grunde haben wir doch bereits als heranwachsende Jugendliche genau ähnliche Träume. Jugendliche wollen normalerweise viel reisen, Sprachen erlernen, tolle Dinge erleben, haben sportliche und gesundheitliche Ziele, wollen viel Zeit mit Freunden verbringen, wollen frei sein, wollen einen Beruf ergreifen, der ihnen Freude bereitet. Die Antwort auf die vorgenannte Frage ist dabei ebenso einfach wie überraschend:[8]

„Weil diese Dinge keine Deadline haben!"

Als mir das zum ersten Mal klar wurde, fiel es mir wie Schuppen von den Augen. Genau deshalb tun wir uns zum

Beispiel beim Thema Gesundheit so schwer, Sachen wirklich umzusetzen. Da die Maßnahmen, die wir uns zwar vornehmen, aber nicht umsetzen, keine unmittelbare Auswirkung haben, sondern erst irgendwann, ist es für uns so schwierig, aktiv zu werden. Im Grunde deshalb, weil die Maßnahmen aufschiebbar sind.

Wenn ich daran denke, dass ich als Lehrer den Schülern neben Kompetenzen Wissen vermittle, dann fällt mir auf, dass auch Wissen eine Deadline hat. Diese Deadline bezeichnet man als Halbwertszeit. Und Tatsache ist, dass diese Halbwertszeit immer kürzer wird. Vor fünfzig Jahren reichte es vielleicht noch aus, mit dem erworbenen Wissen eines Schulabschlusses bis zur Pensionierung zu kommen, ohne sich weiteres Wissen anzueignen. Das ist in der jetzigen Zeit nicht mehr möglich. Die Welt ändert sich praktisch manchmal sogar über Nacht, wenn wir zum Beispiel an den Beginn der Corona-Krise denken. Ich fokussiere mich im Unterricht deshalb vor allem darauf, Wissen mit einer langen Haltbarkeit weiterzugeben.

Als ich mich nach zehn Jahren als Angestellter im Bereich Verwaltung entschieden hatte, beruflich in meinem Leben etwas zu ändern, wusste ich noch nicht genau, was ich in Zukunft machen wollte. Lehrer wollte ich ja nur so nebenbei sein beziehungsweise werden. Ich bin schließlich dieses Ziel nur mit halber Kraft angegangen und habe große Schwierigkeiten erlebt. Ich hatte natürlich auch viel auf einmal unterzubringen. Zeitlich gesehen war es für mich eine große Herausforderung: Einen Beruf, der teilweise neu für mich war, an zwei verschiedenen Schulen, meine Familie, die erst Nachwuchs bekommen hatte und sich noch recht instabil anfühlte, die berufsbegleitende Ausbildung an der Berufsschule ... Ich wurde am Ende dieses Jahres fast als „nicht geeignet" für den Lehrberuf eingestuft. Nur mit viel Glück konnte ich das dann noch abwenden. Das hätte bedeutet, dass ich mir den Lehrberuf abschminken hätte können. Heute ist mir klar, dass dies kein Zeitproblem war, sondern ein Fokusproblem. Bodo Schäfer behauptet in seinem Kurs „Zeit zu gewinnen": „Konzentrieren Sie sich auf einen kleinen Bereich, fokussieren Sie sich auf einen kleinen Teil und versuchen Sie, dort die Kontrolle zu gewinnen!"[9] Und ganz WICHTIG: Das ZIEL muss klar definiert sein!

> „Fokus bedeutet nicht, sich auf etwas zu konzentrieren, sondern sich nicht von anderen Sachen ablenken zu lassen."
> *Steve Jobs*[10]

Als ich damals im Alter von 35 Jahren von einem Tag auf den anderen meine Kündigung einreichte und somit meine Laufbahn als leitender Mitarbeiter im Rechnungswesen für immer beendete, war mir nur eines bewusst: Ich muss die Richtung ändern! Ich muss auf meine Ressourcen achten! Ich war mental und körperlich am Limit. Ich muss wahrscheinlich etwas ganz Neues machen! Mir war aber nicht klar was. Es gab viele Themenfelder, die mich in der Folge interessierten. Ich absolvierte eine Heilpraktiker-Ausbildung, ich ließ mich zum Schmerztherapeuten ausbilden, ich interessierte mich für Ernährung, ich wurde Fußballtrainer im Amateurbereich, ich arbeitete als Lehrer. Wenn ich heute mit etwas Abstand zurückschaue, fällt mir eines auf: Bei jeder dieser Tätigkeiten stand die Arbeit mit den Menschen im Vordergrund. Und doch war mir lange Zeit nicht klar, was es nun werden sollte. Ich hatte keinen Plan.

Ziele setzen

Ich denke, dass das Setzen von Zielen durchaus Sinn ergibt; das steht außer Frage. Ziele können in lang-, mittel- und kurzfristige Ziele unterteilt werden. Von langfristig spricht man normalerweise ab fünf Jahren und mehr. Es handelt sich dabei um unsere Lebensziele. Sie geben die Richtung vor. Sie sollten darauf achten, dass sie groß genug sind! Sie dürfen Sie in Ihrem Wachstum nicht einengen! Ihre Lebensziele sollten Sie immer auf dem Schirm haben. Finden Sie einen Weg, dass Sie sie immer präsent haben. Verlieren Sie sie in Ihrem täglichen Tun nicht aus den Augen. Aber hinterfragen Sie sie auch von Zeit zu Zeit und passen Sie sie bei Bedarf an. Es ist kein Beinbruch, wenn wir unsere Richtung verändern möchten. Ich habe vor zwanzig Jahren ganz andere Ziele verfolgt als heute.

Von mittelfristigen Zielen sprechen wir zwischen einem und fünf Jahren. Damit Sie Ihre Lebensziele erreichen, müssen Sie sie auf mittelfristige Ziele hinunterbrechen. Fragen Sie sich konkret: Wo möchte ich in fünf Jahren stehen? Beschreiben Sie Ihr Ziel in allen Ihren Lebensbereichen. Zum Beispiel: So möchte ich leben, das mache ich beruflich, so viel Geld besitze ich, so fit ist ein mein Körper usw. Das klingt auf Anhieb ungemein langweilig. Aber es bringt Sie viel eher dorthin, wo Sie sein möchten. Je weniger Klarheit bei Ihren Zielen besteht, desto zufälliger wird sich auch Ihr Lebensweg präsentieren.

Brechen Sie einmal im Jahr Ihre mittelfristigen Ziele nun auf Jahresziele hinunter. Kurzfristige Zielsetzung bedeutet maximal ein Jahr oder weniger. Zerlegen Sie Ihre Jahresziele nun in Monatsziele! Nehmen Sie sich dafür ausreichend Zeit. Diese Monatsplanung mündet dann in der Wochen- und Tagesplanung. Dazu jedoch später. Sie fragen sich nun vielleicht: „Diese ganze Zielsetzerei, das ist doch sehr aufwendig und kostet mich eine Menge Zeit?" Das stimmt mit Sicherheit, aber Sie sparen sich gleichzeitig viel mehr Zeit, als Sie dafür benötigen. Sie fahren wortwörtlich geradeaus Ihrem Ziel entgegen und vermeiden dabei, die Kurven unnötig weit auszufahren. Jeder erfolgreiche Mensch setzt sich Ziele! Vergessen Sie nicht:

> „Erfolg ist das, was folgt, wenn du deiner Bestimmung folgst!"
> *Dieter Lange*[11]

Damit Sie Ihre Ziele auch erreichen, müssen Sie sich verpflichten. Je stärker Sie sich verpflichten, umso eher werden Sie Ihre Ziele auch erreichen. Je mehr Personen Sie Ihre Ziele mitteilen, umso stärker wird Ihre Verpflichtung. Es gibt grundsätzlich immer zwei Motivatoren, die Ihre Zielerreichung erfolgreich gestalten. Zum einen ist es die

Freude, die Sie erwartet, wenn Sie Ihr Ziel erreichen. Fragen Sie sich: Was kann ich dann alles tun? Stellen Sie es sich vor und visualisieren Sie es! Aber noch stärker wirkt zum anderen der Schmerz, der Sie quält, sollten Sie Ihr Ziel nicht erreichen! Durch Ihre Verpflichtung wird der Schmerz umso größer! Das Scheitern fühlt sich noch stärker an und ist die stärkste Kraft, die Sie Ihrem Ziel näherbringt.

Ich erinnere mich noch genau, als ich mir zum Ziel setzte, das Rauchen aufzugeben. Ich wusste ganz genau, ich schaffe das nicht allein. Ich schaffe das nicht ohne fremde Hilfe. Also meldete ich mich zum „In drei Stunden endlich Nicht-Raucher"-Seminar an. Während des Seminars wurden wir Teilnehmer aufgefordert, unsere allerletzte Zigarette in unserem Leben zu rauchen. Der theoretische Teil war sehr aufschlussreich. Am Ende wurden wir in einen hypno-aktiven Zustand versetzt, der unsere neue Einstellung zum Rauchen verfestigen sollte. Einige der Teilnehmer gaben dabei sogar Schnarchtöne von sich. Ich hingegen war hellwach und hoch konzentriert. Der Seminarleiter las uns eine Geschichte vor. Danach wurden wir verabschiedet mit der Anmerkung, dass das Verlangen nach Nikotin eigentlich verschwunden sein müsste. Zusätzlich mit dem Hinweis, dass dies bei 95 Prozent der Teilnehmer bisher immer der Fall war! Nachher auf dem Weg zum Auto konnte ich aber leider gar nichts davon bemerken. Ich hatte bereits wieder das Bedürfnis, mir eine Zigarette anzustecken. Mich beschlich sofort die Angst, wenn dieses Seminar jetzt nicht funktioniert, dann kann dir keiner mehr helfen. Immerhin habe ich dafür 200 Euro berappt. Lange Rede, kurzer Sinn:

Die Angst, dass diese Methode bei mir nicht klappen würde, war schlussendlich so stark, dass ich vor allem deshalb das Rauchen dann doch noch erfolgreich aufgab!

Mit achtzehn Jahren war mein größter Lebenstraum irgendwann mal nichts zu tun. Also ich habe von der Möglichkeit geträumt, nichts zu tun, weil das Geld für mich arbeitet und ich finanziell unabhängig bin. Ich habe tatsächlich vom absoluten Nichtstun geträumt. Ich habe geglaubt, dass dieses Ziel das Erstrebenswerteste von allem auf der Welt wäre. Und ich denke, vielen von uns ist es so ergangen oder träumen noch immer davon. Einige wenige dann erreichen dieses Ziel und sind dann in dieser Position, sich keine Gedanken mehr darüber machen zu müssen, wie das Geld hereinkommt, von dem sie leben können. Und den meisten von denen fällt sehr schnell auf, dass es ziemlich langweilig wird, wirklich absolut nichts zu machen. Einfach nur chillen, wie man heute so schön sagt. Interessant dabei ist der Aspekt, dass wir es bei unseren Mitmenschen, die gerade in die oft langersehnte Pension wechseln, ziemlich genau verstehen, dass ein absolutes Nichtstun schnell gefährlich für das weitere Leben dieser Menschen werden kann. Wir machen uns dann oft große Sorgen: „Was, wenn er keine Ziele mehr hat? Wenn er keinen Grund hat, am Morgen aufzustehen? Was, wenn er den ganzen lieben Tag nicht weiß, was machen?" Wir sind uns dann schnell einig, dass das die Gesundheit stark beeinträchtigt. „Dann geht es schnell abwärts", hören wir uns selbst sagen!

„Zu oft und zu viel von dem, was Sie wollen, führt meistens dazu, dass Sie es gar nicht mehr wollen. Das gilt eben auch für Zeit. Deshalb sollten Sie nicht danach streben, unendlich viel freie Zeit zu haben – das wäre tödlich. Es geht darum, freie Zeit positiv zu nutzen und nur das zu tun, was Sie tun wollen, und nicht das, wozu Sie sich verpflichtet fühlen."[12]

Ziele müssen verschriftlicht sein! Das gilt auch für Erfolge. Bei meinem digitalen Erfolgstagebuch – im Grunde ist es ein Kalender, wo ich meine Erfolge jeglicher Natur aufschreibe – bekomme ich jeden Tag eine Erinnerung vom selben Tag genau vor einem Jahr. Hin und wieder schaue ich dann hinein. Ich merke dabei erst, wie gewaltig sich in der Zwischenzeit meine Einstellungen, meine Ziele, meine Meinung zu bestimmten Themen verändert hat. Erst durch diese Verschriftlichung erkennt man, dass man sich doch kontinuierlich ändert und weiterentwickelt. Ansonsten merkt man das fast gar nicht. Auch die Erfolge nehmen wir als normal hin, in etwa so, als seien sie immer schon da gewesen oder niemals eine große Herausforderung gewesen. Erinnern wir uns ans Lernen des Autofahrens zurück. Es war eine unglaubliche Herausforderung für die meisten von uns, die nicht schon in der Kindheit mit Fahrzeugen was am Hut hatten. Und heute, Jahre später, sehen wir das nicht mehr als große Hürde wie damals. Wenn unsere Kinder dann so weit sind, dann nehmen wir es wieder wahr, wie schwierig es eigentlich ist, das zu erlernen und wie leicht es später dann ist, wenn man es kann!

Man sagt ja auch so schön, bei den Kindern sieht man, dass man alt wird. Im Grunde aber auch nur, wenn wir auf ihr Alter schauen. Ansonsten merken wir nicht, dass die Zeit vergeht. Wir merken eben nicht, dass wir uns verändern! Das erkennen wir, indem wir Ziele, Erfolge, aber auch andere Sachen aufschreiben. Dann sind wir total überrascht, wenn wir uns das nach einer gewissen Zeit durchlesen: Wie anders wir doch noch waren. Von den Gedanken bis zu unseren Fragen, die wir hatten und unseren Lebenseinstellungen.

Ein Problem bei der Umsetzung von Zielen ist es, dass wir uns so schwertun, das Ziel zu verändern! Das müssen wir aber nicht! Es gibt einen Unterschied zwischen Ziel und der Vorgangsweise![13] Manchmal müssen wir nur die Vorgangsweise ändern! Zum Beispiel ist das Hauptziel eines Verkäufers normalerweise, mehr zu verkaufen und den Umsatz zu erhöhen! Dafür gibt es viele Strategien und Möglichkeiten. Eine davon wäre eine geplante Neueinführung eines bestimmten Produktes. Stellt sich aber nach einer gewissen Anlaufzeit heraus, dass das Projekt floppt, dann ist es für uns Menschen unglaublich schwer, es einzugestehen oder einen Fehler zuzugeben. Wir halten stur an der Vorgangsweise fest und gehen manchmal lieber mit wehenden Fahnen unter. Wir wollen aus irgendeinem Grund die Vorgangsweise nicht verändern. Wobei wir aber vergessen, dass unser Hauptziel die Umsatzsteigerung ist und nicht die Neueinführung eines Produktes. Das ist in diesem Fall nur eine Maßnahme von vielen, um unser Hauptziel zu erreichen. Schlussfolgernd bedeutet das, dass wir nur unsere

Vorgangsweise verändern müssen und zum Beispiel neue Kunden für bereits erfolgreiche Produkte akquirieren. Das „Warum" (Ziel) bleibt dasselbe, das „Wie" muss verändert werden! Menschen verwechseln oft Ziel und Vorgangsweise!

Exkurs:
Ausschnitt aus Interview mit Dr. Luis Durnwalder, Altlandeshauptmann Südtirol (geführt am 21.04.2021)

ICH: Wie war eigentlich Ihre persönliche Lebensplanung?

DURNWALDER: Ich habe diesbezüglich eigentlich nie vorgebaut oder vorgedacht. Ich habe ehrlich gesagt, das glaubt mir zwar niemand, nie gewollt, in die Politik gehen. Das ist alles einfach so zufällig gekommen. Du warst zur gegebenen Zeit am richtigen Ort. Und dann ist nun mal da die Tür offen gewesen und du bist dann hineingegangen. Als ich zum Beispiel Bürgermeister von Pfalzen wurde, waren wir zu viert am Tisch und haben gewattet (Kartenspiel). Da ist der Ausserhofer, das ist ein Bauer gewesen, der war in Pfalzen Ortsobmann der SVP. Und der hat fieberhaft Kandidaten für den Gemeinderat gesucht. Und da ist er bei der Tür rein, bei der Tür raus. Da habe ich gesagt: „Ja, was willst du denn, Peter?" „Ja, ich muss Kandidaten suchen." „Komm her, trink einen Kaffee. Und dann schreibst du uns alle auf." So war es dann. Und ich habe dann bei der Wahl zufällig die meisten Stimmen gehabt. Aber damals hat ja niemand Werbung gemacht. Da bist du auf die Liste gesetzt worden und da waren ja nur fünfzehn Kandidaten drauf. Genauso viele hat es für den Gemeinderat gebraucht. Und so bist, wenn auf der Kandidatenliste warst, automatisch schon gewählt gewesen. Und so ging es dann auch Richtung Landtag. Wenn du einmal drin bist in der Maschinerie, dann ist es so: Dann kennst du viele Leute. Ich war beim

Bauernbund, wo ich viele gekannt hab, dann im Pustertal, in Pfalzen und in der Bezirksgemeinschaft drinnen. Und dann sagen die politischen Vertreter: „Ja, kandidiere auch als Vertreter des Pustertales für den Landtag. Du hast die besten Aussichten, gewählt zu werden. Und so kam ich auch in den Landtag. Ich hätte nie geglaubt, dass ich in die Landesregierung komme. Ich erinnere mich noch an Dr. Steger. Ich weiß nicht, ob Sie den noch gekannt haben. Er war Vertreter des Pustertales im Südtiroler Landtag. Gleichzeitig war er auch Bauernbund-Direktor. Einmal, da ging ich zum Issinger Weiher schwimmen. Und da traf ich eine Freundin, die auch Dr. Steger gut gekannt hat. Wir haben beide gemeint, es wäre unsere Freundin. Und da hat er mit mir geredet. Dabei habe ich ihm erzählt, dass ich jetzt von Wien hereingekommen bin und in Bruneck unterrichte. Dann hat er gefragt, was ich danach mache. Ich erwiderte ihm, dass ich das noch nicht genau wüsste. Da meinte er: „Dai, wir bräuchten einen Nachfolger von mir." Weil er damals dann Landesrat geworden ist. Und dann hat er gesagt: „Hättest du nicht Lust, Bauernbund-Direktor zu machen? Landwirtschaft und Jus, das würde gut zusammenpassen." Mir gefiel dieses Angebot sehr und ich willigte innerlich bereits ein. So spielte der Zufall: Bei einer Freundin am Issinger Weiher, unter einem Sonnenschirm, wurde für mich eine wichtige Entscheidung getroffen. Wenn ich diese beiden Personen nicht getroffen hätte, wäre ich wahrscheinlich nicht zum Bauernbund gekommen. Beim Bauernbund wollten sie mich anfangs mal entlassen, weil ich zu schüchtern war. Als Bauernbund-Direktor habe ich wieder eine Menge Leute kennengelernt und konnte außerdem meine

Fähigkeiten beweisen. Deshalb bin ich 1973 als Kandidat für die Landtagswahlen vorgeschlagen worden und wurde auch sofort und gut gewählt. Bin dann sofort in die Region hinuntergekommen als Regionalassessor und Vizepräsident vom Landtag. 1978 bin ich wieder gewählt worden, und für zehn Jahre Landesrat geworden. Aber auch das Amt eines Landesrates habe ich nie angestrebt. Dr. Steger, der mich ja so gefördert hat, hat einmal zu mir gesagt: „Schau, Luis. Eines muss ich sagen, Landesrat wirst du nie. Weil da sind einfach die und die und die noch vor dir." Aber es kam so: Dr. Steger wechselte in den Beamtenstand und trat deshalb aus der Politik aus. Dr. Dalsass wurde sein Nachfolger. Dieser kandidierte aber für das Europaparlament und musste deshalb zurücktreten. Wer sollte nun das Assessorat für Landwirtschaft übernehmen? „Ja, wenn der Durnwalder Bauernbund-Direktor war, dann soll der das machen." Damit war ich Landesrat. 1989 war es auch so. Da war der Magnago, der hat mich nie als Landeshauptmann-Nachfolger gesehen oder gewünscht. Ich war damals nicht unbedingt der große Freund von ihm, da ich ja als Brugger-Anhänger und Paketgegner angesehen wurde. Er wollte unbedingt den Spögler oder den Rubner. Aber die sind damals zum Teil schon zu alt gewesen und haben bei den Wahlen schlecht abgeschnitten. Zudem habe ich bei den Wahlen sehr viele Stimmen erhalten. Deshalb haben sie auch mich fragen müssen. Was hätten sie denn tun sollen? Und dann habe ich es einfach angenommen. Wie viele haben Landeshauptmann studiert? Die waren es alle nicht geworden. Das kannst du nicht vorprogrammieren. Natürlich kannst du zum Beispiel sagen: Der Kofler wäre nach meiner

Meinung sicher Landeshauptmann geworden, wenn er geblieben wäre und ein bisschen fleißiger gewesen wäre. Aber er hat nun mal das etwas gemütlichere Leben vorgezogen ...

ICH: Darf ich das auch schreiben?

DURNWALDER: Ja, ohne Weiteres. Ich hätte ihn gern als Landeshauptmann gesehen, weil er sehr intelligent und volksnah ist. Was ich bei ihm vor allem immer bewundert habe, er hat einen Sarner Dialekt geredet, den du nicht ganz so verstanden hast. Er hat aber auch Hochdeutsch geredet, hat ein perfektes Italienisch geredet und war sehr intelligent. Und ich habe mich mit ihm so gut verstanden. Ich habe ihn als natürlichen Nachfolger gesehen. Aber er hat es nicht ausgehalten. Sein Ressort, die öffentliche Arbeit, hat er ja gut verwaltet. Aber nach der Arbeit ist er nach Hause zu seiner Familie oder seinen Freunden gegangen. Da ist es gemütlicher gewesen. Und dann ist die Wahl halt auf andere gefallen. Ich hätte ihn gern als Nachfolger gehabt. Der Bergmeister, der hat es dann nicht getan und dann ist nun mal der Kompatscher gekommen.

ICH: Interessant. Man würde nicht meinen, dass Sie sagen, das ist irgendwie eigentlich immer durch Glück passiert und durch zufällige Gegebenheiten, indem Sie zur richtigen Zeit am richtigen Ort waren?

DURNWALDER: Ja, du musst die Leute kennen. Und die Leute müssen von dir gut reden. Das ist das Um und Auf. Da kannst du Zeitungsartikel haben, so viele du willst.

Bei uns da, in einem kleinen Land, da kommt es darauf an, was die Leute von dir sagen. Da ist es wie ein Schneeballeffekt. Und mit der Zeit heißt es: „Das ist ein feiner Bursche. Mit dem kannst du reden. Der tut was." Und so weiter. Du musst schon fleißig sein, weil, sonst ist es nicht so selbstverständlich, dass du vierzig Jahre in der Regierung bist. Und es ist auch nicht selbstverständlich, dass ich nach fünfundzwanzig Jahren Landeshauptmann weiter bleiben hätte können. Ich wäre sicher wieder gewählt worden oder glauben Sie nicht? Aber, es ist nun mal so, mit der Zeit ist irgendwann einmal genug. Aber, ich möchte nochmals betonen: Ich wollte nie in die Politik. Natürlich habe ich mich auch nicht dagegen gewehrt. Aber, wie es so war, ich habe nie Werbung gemacht und gesagt: „Wählt mich." Im Gegenteil. Als ich Bürgermeister von Pfalzen geworden bin, da habe ich nach der Gemeinderatswahl mehr Stimmen gehabt als der bisherige Bürgermeister, der dann auch ein bisschen beleidigt gewesen ist. Na ja, der hat nur gesagt: „Wenn er schon so viele Stimmen bekommen hat, soll nur er weitermachen." Ich bin damals erst siebenundzwanzig Jahre gewesen. Dann habe ich gesagt, dann wählen wir mal, dann werden wir ja sehen. Und dann ist gewählt worden. Und ich habe dann „nur" acht Stimmen gehabt. Dann habe ich gesagt: Nein, das ist kein Vertrauensverhältnis. Bei nur acht Stimmen, da mache ich nicht den Bürgermeister. Ich habe mich damals nicht selbst gewählt, weil ich mir gedacht habe: „Das tut man nicht, sich selber wählen." Und dann bei der darauffolgenden Wahl habe ich statt acht neun Stimmen gehabt, weil ich mich selber gewählt habe. (Ich lache.) Dann habe ich gesagt: „Jetzt ist es ein bisschen anders." Und ich habe die Wahl angenommen. Ab diesem Zeitpunkt habe ich mich bei Wahlen immer auch selbst gewählt.

[1] https://stefan-fraedrich.de/der-ziele-kompass-so-kommen-sie-an-wo-sie-hinwollen/; aufgerufen 01.11.21

[2] https://www.youtube.com/watch?v=pmBDCZ-qWNA; aufgerufen 01.11.21

[3] Ferriss, Timothy: „Die 4-Stunden-Woche"; 2020; Seite 86

[4] https://www.gutzitiert.de/zitat_autor_gorch_fock_thema_leben_zitat_13219.html; aufgerufen 01.11.21

[5] https://www.unser-zukunftsrevier.de/dialoge/wie-stellen-wir-uns-eine-innovationsfreundliche-zukunft-im-rheinischen-revier-vor/probleme; aufgerufen 01.11.21

[6] Vgl. Dr. Hosp, Julian: Das Timehorizon Prinzip; 2019; Seite 98

[7] Ware, Bronnie: 5 Dinge, die Sterbende am meisten bereuen; 2013

[8] Vgl. Dr. Hosp, Julian: Das Timehorizon Prinzip; 2019; Seite 99 ff.

[9] Schäfer, Bodo: Online-Kurs: „Zeit zu gewinnen"

[10] https://www.leadershipjournal.de/steve-jobs-wie-man-sich-auf-weniges-fokussiert/; sinngemäß übersetzt, aufgerufen 01.11.21

[11] https://www.youtube.com/watch?v=kMAFf-reru8; aufgerufen 01.11.21

[12] Ferriss, Timothy: „Die 4-Stunden Woche"; 2020; Seite 48

[13] https://www.youtube.com/watch?v=kMAFf-reru8; aufgerufen 01.11.21

VII. Wie viel Zeit haben wir zur Verfügung?

Generell kann es sinnvoll sein, darüber nachzudenken, wie viel Zeit wir überhaupt zur Verfügung haben. Natürlich lebt jeder Mensch unterschiedlich lange und wir können das auch nicht vorhersehen. Was aber für jeden Mensch gleich bleibt, ist der Tag mit seinen vierundzwanzig Stunden, die Woche mit seinen sieben Tagen und das Jahr mit seinen dreihundertundfünfundsechzig Tagen.

Um wirklich dahinterzukommen, wie viel Zeit Ihnen täglich zur Verfügung steht, müssen Sie eine Zeitinventur durchführen. Sie müssen sich alles aufschreiben, angefangen, wann Sie am Morgen aufstehen, wie viel Zeit Sie zum Frühstücken benötigen, wann und wie lange Sie zur Arbeit fahren, die Pausen während der Arbeit inklusive der Mittagspause und so weiter und so fort bis zum Einschlafen! Noch besser ist es, wenn Sie sich eine ganze Woche penibel aufschreiben, was Sie wann machen! Danach können Sie beginnen zu analysieren. Machen Sie eine Statistik und gruppieren Sie da Ihre Tätigkeiten in Schlafzeit, Arbeitszeit und freie Zeit und ordnen Sie die Stundenanzahl zu. Es ist mir schon klar, am liebsten würden Sie die Essenszeiten und die Zeiten für die persönliche Hygiene oder die Fahrt zur Arbeit nicht wirklich als freie Zeit bezeichnen. Sie haben das Gefühl, dass Sie da nicht wirklich eine Alternative haben. Weil Sie es immer schon so gemacht haben, wie Sie es eben machen. Weil es eingefahrene Abläufe sind. Aber es ergibt durchaus Sinn, das so wie beschrieben, einzuteilen, weil Sie eigentlich in dieser Zeit frei entscheiden können, wie Sie diese Zeit nutzen. Sie essen langsam und ausgiebig oder Sie verbringen eine halbe Stunde auf der Toilette. Manche sogar bis zu einer Stunde, habe ich mir sagen lassen. Da kann mir keiner erzählen, dass er da nicht von freier Zeit sprechen kann. Fakt ist, in dieser Zeit treffen Sie eine Entscheidung! Sie allein entscheiden in diesem Moment, was wie lange Sie wie machen. Und das ist Ihr gutes Recht! Auch bei der Fahrt zur Arbeit entscheiden Sie selbst, ob Sie sich zum Beispiel von Musik berieseln lassen oder ob Sie über ein Argument nachdenken. Ob Sie ein Telefongespräch führen oder sich weiterbilden, indem Sie sich zum Beispiel ein Podcast anhören über Themen, die Sie interessieren.

Auf jeden Fall müssen Sie sich bei der Tagesanalyse zwei Fragen stellen, wenn Sie mehr Zeit hinzugewinnen möchten:

1. Was kann ich streichen beziehungsweise auf was kann ich verzichten?

2. Wie kann ich eine nicht verzichtbare Tätigkeit alternativ durchführen?

Bei der ersten Frage ist klar, wenn ich etwas streiche, gewinne ich eins zu eins die Zeit, die ich für diese Tätigkeit benötigt habe, und kann diese Zeit alternativ nutzen, wenn ich möchte. Bei der zweiten Frage ist Voraussetzung, um diese für sich beantworten zu können, dass Sie bereits wissen, was Sie zusätzlich mit Ihrer mehr verfügbaren Zeit anstellen möchten. Zum Beispiel können Sie, wenn Sie das Ziel haben, mit Ihrer Frau oder Ihrem Mann mehr Zeit zu verbringen, zweimal die Woche mit Ihrem Partner zu Mittag essen anstatt wie üblich immer mit den Arbeitskollegen. Oder wenn Sie sich speziell für etwas interessieren, sei es privat oder beruflich, dann hören Sie doch Videos und Podcasts während Ihrer Fahrt im Auto oder lesen Sie ein Buch, wenn Sie mit den Öffis unterwegs sind. Sie benötigen für diese Beispiele jetzt nicht mehr Zeit wie vorher auch, aber es bringt Sie Ihren Zielen deutlich näher. Je länger Sie über ihren Tagesablauf nachdenken, desto mehr Ideen kommen Ihnen in den Sinn. Und auch hier gilt das Prinzip: Wir überschätzen, was wir in relativ kurzer Zeit machen können, aber wir unterschätzen, welche Auswirkung das zum Beispiel auf über zehn Jahre hat.[1] Ein weiteres Prinzip müssen Sie hier beachten, damit Sie sich nicht gleich überfordern und dann bis zum Schluss gar nichts umsetzen: Machen Sie einen Schritt nach dem anderen! Warten Sie, bis eine Gewohnheit daraus geworden ist, und gehen Sie erst dann die nächste Aufgabe an. Merken Sie sich: Nur die wenigsten schaffen es, alles gleichzeitig umzusetzen.

In Zusammenhang mit dem lieben Geld, wenn wir mehr verdienen möchten, haben wir grundsätzlich zwei Möglichkeiten: entweder länger zu arbeiten oder den Stundensatz zu erhöhen! Länger zu arbeiten ist deutlich unangenehmer und nach oben begrenzt. Ein Tag hat maximal vierundzwanzig Stunden. Ein krasses Beispiel dazu können Sie dem Interview mit Herrn Groß entnehmen im Anschluss an dieses Kapitel. Es ist geradezu unglaublich, was möglich ist. Aber auf jeden Fall ist die Tagesarbeitszeit beschränkt, da der Tag nun mal nicht mehr als vierundzwanzig Stunden hat. Im Gegensatz dazu ist der Stundensatz nach oben offen!

Bisher habe ich davon gesprochen, wie Sie Ihre verfügbare Zeit vom täglichen Aufwachen bis zum Einschlafen optimieren beziehungsweise effizienter gestalten könnten ohne zusätzliche Zeit zu verbrauchen. Jetzt möchte ich kurz darauf eingehen, dass Sie zumindest theoretisch auch Ihre tägliche Wach-Zeit erhöhen könnten. Da komme ich auf die unterschiedlichen Schlafmodelle zu sprechen, die ich hier nur kurz anreißen möchte: „Das übliche Schlafverhalten eines Menschen sieht normalerweise so aus, dass er in der Nacht acht Stunden am Stück schläft. Während dieser Zeit wechseln sich zwei Schlafformen ab. Zum einen die REM-Phase (Rapid Eye Movement). In dieser Traumphase sind schnelle Augenbewegungen festzustellen, Puls und Blutdruck steigen an und eine Schlaflähmung tritt ein. Im Gegensatz dazu die Non-REM-Phase, die vom leichten Schlaf bis Tiefschlaf reicht. Körpertemperatur, Puls, Blutdruck und Muskelaktivität flachen dabei zunehmend ab. Die Kombination von Non-REM-Phase gefolgt von einer REM-Phase bildet schließlich einen 90-minütigen Schlafzyklus, der sich vier- bis sechsmal jede Nacht wiederholt. Und wozu der ganze Schlaf? Ganz genau ist das noch nicht geklärt. Während in der REM-Phase Informationen verarbeitet werden und das Nervensystem sowie die Psyche sich erholt, geht man bei der Non-REM-Phase davon aus, dass sie keinen signifikanten Nutzen für den Körper darstellt. Und das, obwohl sie rund 80 Prozent des ganzen Schlafs ausmacht. Würde man es also irgendwie schaffen, die Non-REM-Phasen aus den Schlafzyklen zu entfernen, dann könnte man theoretisch mit nur 20 Prozent des Schlafs auskommen. Und genau das ist die Grundidee beim polyphasischen Schlaf. Entgegen des bisher besprochenen monophasischen Schlafs wird beim polyphasischen Schlaf versucht, den sogenannten Hauptschlaf zu kürzen, indem kleinere Schlafphasen, sogenannte Naps, über den Tag verteilt werden. Dieses Vorgehen soll schließlich die REM-Phasen erhalten und die Non-REM-Phasen kürzen oder ganz entfernen. Eine geringere Gesamtschlafdauer bei gleichbleibender Erholung ist die Folge. So gesehen in der Theorie. Den einfachsten Fall des polyphasischen Schlafs stellt der allseits bekannte Mittagsschlaf dar. Durch eine 20-minütige Power-Nap können Sie in der Theorie Ihren Hauptschlaf von acht auf sechs Stunden reduzieren. Die extremste Form stellt das sogenannte Uberman-Schlafmodell dar, benannt nach dem Übermenschen von Friedrich Nietzsche. Dabei wird gänzlich auf den Hauptschlaf verzichtet. Stattdessen werden sechs 20-minütige Naps eingelegt, die gleichmäßig auf die 24 Stunden verteilt werden. Das ergibt eine Gesamtschlafdauer von nur zwei Stunden. Natürlich gibt es auch Schwierigkeiten bei der Umsetzung von polyphasischem Schlaf. Es dauert ein bis zwei Wochen, bis man sich an den jeweiligen Schlafrhythmus gewöhnt hat. Auch muss sich der Nap mit dem Alltag vereinbaren lassen. Die Schlafzeiten müssen in der Folge präzise eingehalten werden."[2] Der

Konsum von Koffein und Alkohol sind zusätzlich nicht förderlich bei der Umsetzung solcher Schlafgewohnheiten. Generell kann man sagen, dass die Meinungen über solche Schlafmodelle weit auseinandergehen. Negative langfristige Auswirkungen auf die Gesundheit oder anderweitige negative Nebenwirkungen sind leider noch nicht erforscht.

Meine persönliche Erfahrung ist, dass solche kurze Schlafphasen, sogenannte Power-Naps, bei mir den Akku enorm aufladen. Das kennen Sie vielleicht auch, wenn Sie längere Autofahrten unternehmen. Kurz für 20 Minuten anhalten und den Sessel nach hinten schrauben sowie die Augen schließen. Ich schlafe sofort ein, wenn ich das möchte. Danach ist von Müdigkeit während des Fahrens keine Spur mehr. Das können nicht alle Menschen. Ich glaube aber, dass dieses Einschlafen auf Knopfdruck antrainiert werden kann.

> „Man kann dem Leben nicht mehr Tage geben, aber den Tagen mehr Leben."
> *Chinesische Weisheit*[3]

Am Anfang des Kapitels habe ich davon gesprochen, dass wir unsere Lebenszeit nicht vorhersehen können. Das stimmt natürlich. Aber wir können auf jeden Fall mit unserem Lebensstil die Länge unseres Lebens zum Teil beeinflussen. Wir können die Wahrscheinlichkeit erhöhen, indem wir uns für einen bestimmten Lebensstil entscheiden, länger zu leben, als es mit einem weniger günstigen

Lebensstil sein könnte. Objektiv betrachtet können wir so unsere Lebenszeit zumindest teilweise beeinflussen.

Vorher haben wir uns nur den Tag und die Woche angeschaut. Wenn wir uns anschauen, was der Durchschnittsbürger in Deutschland laut einem Artikel vom 03.01.2014, erschienen in der Zeitschrift P.M., in seinem ganzen Leben so alles macht, dann wird uns relativ schnell klar, dass wir da noch Zeitpolster haben, die wir auch optimaler nutzen können:[4] Fast die Hälfte seines Lebens verbringt der Mensch mit Schlafen und Fernsehen! 24 Jahre und vier Monate schläft der Deutsche im Durchschnitt, zwölf Jahre verbringt er vor dem Fernseher. So listet es die Zeitschrift P.M. Fragen & Antworten in ihrer Ausgabe auf und beantwortet damit die Frage „Wo ist nur die Zeit geblieben?" Einen Teil ihrer Zeit investieren die Deutschen in ihre Bildung, ein Jahr und zehn Monate, um genau zu sein. Darin ist nicht nur die Schulzeit enthalten – auch jegliche Weiterbildung gehört dazu. Danach wird acht Jahre lang gearbeitet, und 16 Monate wird in den eigenen vier Wänden sauber gemacht. Zusätzliche neun Monate wird Wäsche gewaschen und gebügelt. Geradezu unglaublich scheint die Zeit, die ein Raucher mit seinem Laster verbringt. Ich habe mir selbst ausgerechnet, dass ein Raucher, wenn er 50 Jahre lang eine Packung Zigaretten raucht, bis zu dreieinhalb Jahren seiner Lebenszeit mit dem Rauchen verbringt. Wenn wir uns diese Statistiken durch den Kopf gehen lassen, dann wird uns unmittelbar klar, dass wir viel mehr freie beziehungsweise selbstbestimmte Zeit zur Verfügung haben, als uns bewusst ist.

Exkurs:
Interview mit Herrn Paul Groß (geführt am 02.07.2021)

ICH: Was bist du von Beruf?

GROß: Ich bin gelernter Metzger. Nach meiner Lehre in einem Betrieb in Riffian ging ich dann als Metzger zur Despar in Bozen für zehn Jahre. Dann habe ich eine Stelle als Metzger in Nals gefunden, dort wurde eine neue Filiale eröffnet. Da ist es für mich zwei bis drei Jahre recht gut gegangen, dann hatte es aber begonnen zu kriseln. Der Chef wurde nervös. Er hatte normalerweise aber einen feinen Umgang. Wenn er aber in Stress war, dann hat er mich immer angefaucht. Wir hatten dann die ein oder andere Meinungsverschiedenheit. Darauf sagte er zu mir dann einmal aus dem Zorn heraus: Du darfst ruhig gehen, das ist mir egal! Die folgende Woche hatte ich Urlaub, ich begab mich als sodann sofort auf Arbeitssuche. Ich entdeckte eine Anzeige eines in Bozen angesiedelten Milchhofes, dort wurde ein Maschinenführer gesucht. Das weckte mein Interesse, ich wurde neugierig. Ich stellte mich beim Unternehmen vor und die Personalverantwortliche bat noch um einige Tage Bedenkzeit. Pünktlich die darauffolgende Woche meldete sie sich bei mir. Wir kamen auf ein beide Seiten zufriedenstellendes Gehalt überein, einzige Voraussetzung war, dass ich innerhalb von 14 Tagen die neue Arbeit beginne. Sie bot mir auch sofort an, die Kündigung für die Metzgerei zu verfassen, ich brauchte nur noch zu unterschreiben. Dann bin ich umgehend in die Metzgerei gefahren, mitzuteilen, dass ich kündige, und habe das Schreiben auch dort abgegeben. Mein Vorgesetzter akzeptierte es und gab an, dass er kein Problem damit habe. Als der Chef des Unternehmens Wind davon bekam, wurde der ganz wild und war überhaupt nicht damit einverstanden. Ich wusste, es gab wenig Metzger, deshalb machte ich ihm den Vorschlag, dass ich so lange bleibe, bis sie einen gefunden haben. „Sie sollen einen suchen in der Zwischenzeit", forderte ich sie auf. Ich informierte mich in der Zwischenzeit, ob arbeitsrechtlich alles in Ordnung sei. Das wurde mir bestätigt. Und dann sind plötzlich aus den vorgesehenen paar Monaten ... ganze 15 Jahre geworden!

ICH: Damit ich verstehe, du hast dann beim Milchhof ...?

GROß: ... in der Nacht gearbeitet.

ICH: War das vereinbart so oder hat sich das aus dieser Situation ergeben?

GROß: Nein, im Milchhof gibt es drei Turnusse, und am Anfang habe ich am Nachmittag gearbeitet von 14:00 Uhr bis 22:00 Uhr, da ich mich erst einarbeiten musste. Ich wurde dann gefragt, ob ich Interesse hätte, die Nachtschicht zu machen. Vormittag kam nicht infrage, weil die meisten Mitarbeiter bereits diesen Turnus bevorzugten. Ich dachte nicht lange nach, vormittags passte es mir ja eigentlich aufgrund meiner noch nicht beendeten Tätigkeit als Metzger (von 07:00 bis 14:00 Uhr) nicht in den Plan. Ich entschied mich somit für die Nachtschicht. Ich habe aber niemandem gesagt, dass ich die Tätigkeit als Metzger noch nicht beendet hatte. Diejenigen, die davon wussten, glaubten, dass das nicht ganz lange so weitergehen würde. Irgendwie hatte ich dann auch das Gefühl, dass die Metzgerei auch nicht so wirklich jemanden suchte für mich als Ersatz. Und irgendwann ist das dann so geblieben und ich habe das so für 15 Jahre gemacht.

ICH: Du hast 15 Jahre lang gleichzeitig zwei Jobs gemacht? Wie waren deine Arbeitszeiten?

GROß: Im Milchhof habe ich um 22:00 Uhr begonnen bis 06:00 Uhr am Morgen. Dann bin ich nach Nals gefahren und habe dort von 06:30 Uhr bis 14:00 oder 14:30 Uhr gemetzgert. Und dann bin ich nach Hause (Reinswald, ca. 40 km entfernt) gefahren, da war es dann meistens so um die 15:30 oder 16:00 Uhr. Ich ging dann zwischen 16:00 und 17:00 Uhr ins Bett und um ca. 21:00 Uhr weckte mich meine Mutter. Und ich bin dann sofort nach Bozen gefahren zur Nachtschicht. Ich habe durchschnittlich drei bis vier Stunden – manchmal mehr, manchmal weniger – geschlafen.

ICH: Zwischen der Arbeit beim Milchhof in Bozen und der Metzgerei in Nals hast du nicht geschlafen?

GROß: Nein, da hatte ich eine halbe Stunde Zeit. Hin zur Metzgerei habe ich auf der Schnellstraße einen Kaffee getrunken. Die reine Fahrzeit betrug ca. 20 Minuten.

ICH: Wann hast du gegessen?

GROß: Im Milchhof hatten wir eine halbe Stunde Pause, zu Beginn gar nur 20 Minuten. In dieser Pause habe ich ein belegtes Brot gegessen und den ein oder anderen Joghurt – das war's. Auf der Fahrt zur Metzgerei hin, wie gesagt, habe ich dann einen Cappuccino getrunken und ein „Brioche" gegessen. Ich habe dann noch im Anschluss an die Arbeit als Metzger um ca. 14:30 Uhr zu Mittag gegessen.

ICH: Das klingt ja unglaublich! Hast du dich dann am Wochenende erholt?

GROß: Nein, eigentlich wenig. Im Sommer war es ein bisschen besser, aber das Problem war ja hauptsächlich: Wir haben im Milchhof normalerweise nicht fünf, sondern sechs Tage gearbeitet. Als Metzger gilt sowieso die Sechs-Tage-Woche. Dann habe ich in der Regel eigentlich nur eine Nacht in der Woche zum Schlafen gehabt. Das war dann von Samstag auf Sonntag. Am Sonntag um 22:00 Uhr begann ja schon wieder die Nachtschicht im Milchhof. Wenn ich im Milchhof sechs Tage hatte, dann war ja am Samstag um 06:00 Uhr in der Früh fertig, dann bin ich nach Nals gefahren und habe dort meine Arbeit angetreten. Samstags habe ich dort meistens etwas länger gearbeitet, weil mehr aufzuräumen war als unter der Woche. Die Sechs-Tage-Woche im Milchhof war immer von Ostern weg bis zu Allerheiligen, danach waren es wieder fünf Tage.

ICH: Wie viel Wochenstunden ergibt das im Durchschnitt?

GROß: Ich habe so zwischen 90 und 100 Wochenstunden gemacht. Unter 80 Stunden war ich nie.

ICH: In 15 Jahren warst du nie unter 80 Wochenstunden?

GROß: Nein, das nie. Im Durchschnitt, denke ich, waren es um die 90 Stunden.

ICH: Du sagst, das ist alles zufällig so passiert, du bist da so hineingeschlittert?

GROß: Das ist alles zufällig passiert. Ich habe immer schon gern gearbeitet, das muss ich sagen. Ich spüre jetzt schon, dass ich etwas älter werde, aber Arbeit hat mir immer schon Freude bereitet. Was mir gefallen hat, habe ich immer gern gemacht. Ob das zehn oder sechzehn Stunden am Tag waren, das war mir eigentlich egal. Gut war vielleicht, dass es zwei verschiedene Berufe waren. Wenn ich sechzehn Stunden hätte metzgern müssen, das wäre wahrscheinlich nicht gegangen, das wäre körperlich zu anstrengend gewesen. Die Arbeit beim Milchhof kann mit der des Metzgers nicht verglichen werden. Die war körperlich nicht besonders belastend. Das Einzige, was beim Milchhof wahnsinnig wichtig war, war, mit dem Kopf bei der Sache zu sein. In der Zwischenzeit hatte ich mein Eigenheim gebaut, ich hatte also Schulden. Aber ich hatte die Finanzierung auf 20 Jahre gestaltet, da ich damals nur eine Arbeit hatte. Es wäre sich auch mit einer Arbeitsstelle ausgegangen. Irgendwie ist diese Sache wirklich nur per Zufall passiert, vielleicht kann man auch Glück sagen. Ich muss wirklich sagen, diese 15 Jahre, was ich da so alles gemacht habe ... und plus möchte ich sagen, im Winter habe ich samstags und sonntags noch in meinem Heimatdorf bei den Bauern ein bisschen gemetzgert, wenn ich Zeit hatte ...

ICH: Wann hast du denn eigentlich geruht?

GROß: Urlaub, nein, das hat es bei mir nie gegeben. Ich habe auch kein Verlangen gehabt, irgendwohin zu fahren. Wenn ich Urlaub in der Metzgerei hatte, den hatte ich vor allem im Winter von Jänner weg bis Ostern. Da hatte ich dann montags immer frei. Da habe ich nur fünf Tage in der Metzgerei gearbeitet. Und da habe ich bei den Bauern das eine oder andere mit dem Fleisch zu tun gehabt. Im Frühjahr und im Herbst hatte ich dann hauptsächlich den Urlaub beim Milchhof, insgesamt sieben Wochen. Zwei Wochen nahm ich im Frühjahr, um Brennholz zu schneiden. Und den restlichen Urlaub nahm ich hauptsächlich im November und Dezember, weil im Dorf doch einiges zu metzgern war. Da konnte ich auch bis zu fünf Wochen am Stück nehmen, weil da die unproduktivste Zeit im Milchhof war.

ICH: In diesen 15 Jahren hattest du nie eine Phase, wo du sagtest: Nein, das ist mir jetzt zu viel?

GROß: Die schwierigste Phase war eigentlich am Beginn, als ich die Nachtschicht machte. Mein Problem war da die Zeit von 02:00 bis 05:00 Uhr. Da habe ich wirklich fast stehend geschlafen. Aber interessant, um 05:00 Uhr war ich dann wieder so richtig wach. Und das Problem hatte ich am Anfang auch mit den Mahlzeiten. Wenn ich nach Mitternacht was aß, dann zwickte der Bauch, ich bekam teilweise leichte Magenkrämpfe. Der Körper war gewohnt, in dieser Zeit Ruhe zu haben. Mit diesen Widrigkeiten hatte ich so ca. ein halbes Jahr zu kämpfen. Das habe ich dann ohne größere Probleme überwunden. Das ganz große Problem hatte ich aber mit dem Aufstehen um 21:00 Uhr abends. Mich hat immer meine Mutter geweckt. Ich wäre allein nie imstande gewesen, aufzustehen. Auch nicht mit Wecker. Das Problem ist, wenn du nur vier Stunden schläfst, du kommst nicht mehr zu dir selbst. Ich habe Wecker gehabt, die hörst du zwar „schnattern", aber da drehte ich mich nur um und schlief weiter. Also ohne Mutter wäre das so nie möglich gewesen.

ICH: Hat sich deine Mutter keine Sorgen gemacht?

GROß: Am Anfang hat sie das schon akzeptiert. Sie hat verstanden, da waren Schulden abzutragen. In den letzten Jahren machte sie sich dann schon Sorgen. Sie hatte wahnsinnig Angst, dass ich es während des Fahrens früher oder später verschlafen würde. Wenn mir etwas zustoßen würde, könnte sie dann nicht mehr allein in dem Hause bleiben. Da hätte sie dann bei ihren Töchtern wohnen müssen. Das wollte sie nicht.

Hin und wieder hat sie schon eine Bemerkung gemacht wie: irgendwann wirst du es schon mal verschlafen. Mit der Zeit wurde ihre Angst schon größer. Sie war dann auch nicht mehr so selbstständig. Und dann hat sie mir schon auch nahegelegt, dass ich dies beenden sollte. Die schwierigste Phase war wirklich immer die ersten zehn Minuten des Aufwachens. Also vom Aufstehen bis zum Anziehen. Nach dem Abwaschen im Bad fehlte mir dann nichts mehr. Ich war dann einfach munter.

ICH: Hattest du noch andere Rituale, die du angewendet hast, sobald du müde wurdest, um wieder fit zu werden?

GROß: Was ich beim Milchhof gemacht habe, obwohl meine Arbeitskollegen mich alle auslachten, war, dass ich bei der Pause in den 20 Minuten schnell ein belegtes Brot gegessen habe, und die restliche Zeit schlief ich hinter dem Tisch im Aufenthaltsraum. Meine Arbeitskollegen haben getratscht und Krawall gemacht, aber ich hörte nichts von alledem. Ich war total weg in dem Moment. Als die Pause vorbei war, weckten sie mich. Viele Mitarbeiter redeten schlecht über mich, wie, was will der, hier schlafen während der Arbeit. Wenn er es nicht schafft, sollte er besser zu Hause bleiben! Solche und ähnliche Sprüche fielen zuhauf. Aber ich habe mir da nichts anmerken lassen. Ich war einfach überzeugt von meiner Sache, es war absolut meine Angelegenheit. Was ich in der Pause mache, ist jedem seine Sache, schließlich ist das meine freie Zeit! Mit der Zeit habe ich auch immer wieder eine Cola getrunken, Kaffee schmeckte mir nicht besonders. Ob das aber auf meine Müdigkeit eine Auswirkung hatte, vermag ich nicht zu sagen.

ICH: Gibt es die eine oder andere Geschichte, wo es vielleicht einmal knapp herging, sei es auf der Fahrt oder bei der Arbeit?

GROß: Ich muss sagen, ich habe wirklich Glück gehabt, in jeder Hinsicht. Weil, es konnte wirklich niemand verstehen, in diesen 15 Jahren war ich nie krank. Also ich habe kein einziges Mal gefehlt wegen Krankheit, sei es im Milchhof als auch in der Metzgerei. Klar, hin und wieder hatte auch ich leichte Beschwerden wie eine triefende Nase oder leichtes Husten, aber ich bin tatsächlich immer arbeiten gegangen. Und was ich auch sagen muss, in der Metzgerei habe ich mich nie schwerer verletzt, sodass ich hätte ärztlich versorgt werden müssen. Wobei bei dieser Tätigkeit die Verletzungsgefahr doch sehr hoch war, zum Beispiel beim Bedienen einer Säge. In dieser Hinsicht hatte ich wirklich nie etwas und das wollte mir dann auch niemand glauben, dass ich größtenteils sechs Tage da und sechs Tage dort gearbeitet habe. Lange Zeit hat es auch niemand erfahren. Klar, irgendwann wussten meine Mitarbeiter es, dass ich das Metzgern nicht aufgegeben hatte. Aber es konnte mir niemand etwas unterstellen, da ich meine Sachen immer eingehalten habe. Wenn ich da auch mal länger ausgefallen wäre, dann hätte ich mit Sicherheit Schwierigkeiten bekommen.

ICH: Du hattest ja immer auch arbeitsmedizinische Untersuchungen. Wussten die davon?

GROß: Der Arbeitsmediziner vom Milchhof interessierte sich überhaupt nicht für diese Angelegenheit. Wohingegen die Arbeitsmedizinerin in der Metzgerei mir immer wieder riet: Lass das! Diese Art von Lebensrhythmus kann gefährlich werden. Ich habe ihr geantwortet, dass ich keine Beschwerden verspüre. Sie aber sagte eindringlich: Glaube mir, wenn du es bemerkst, dass dir dieser Rhythmus schadet, dann ist es zu spät! Ich nahm es lange Zeit nicht ernst, es fehlte mir wirklich lange Zeit nichts.

ICH: Was würdest du sagen, kann so etwas jeder schaffen oder hast du da eine besondere Voraussetzung?

GROß: Ich weiß es nicht. Möglich ist es sicher. Voraussetzung ist meiner Meinung, dass du grundsätzlich gern arbeitest! Denn ich habe des Öfteren Leute gesehen, sei es in der Metzgerei als auch im Milchhof, wenn du mit einem Unwillen hingehst, im Grunde, weil du arbeiten musst, dann glaube ich, schaffst du das nie! Ich hatte Arbeitskollegen beim Milchhof, da ist es wirklich körperlich nicht streng, die waren wegen jeder Kleinigkeit im Krankenstand. Hier ein Wehwehchen, dort ein Wehwehchen. Manchmal konnte ich das nicht nachvollziehen. Wenn dir offensichtlich nichts Großartiges fehlt, dann wirst du wohl arbeiten gehen, fragte ich mich gelegentlich. Einige haben sich einfach von der Arbeit gedrückt, das war aber nie mein Ding.

ICH: Hast du wirklich nie das Bedürfnis gehabt, dich zu erholen oder auszuruhen?

GROß: Mein Glück war immer, also konkret im Sommer, weil im Winter war das Fleisch zu bearbeiten, dass ich wirklich von Samstag auf Sonntag mal zehn bis zwölf Stunden am Stück durchschlafen konnte. Und dann war ich munter. Ich habe mich in dieser Zeit wirklich komplett von der anstrengenden Woche erholt. Irgendwann dann einmal, traten erste Konzentrationsfehler auf. Während der Arbeit vergaß ich plötzlich, was ich soeben tun wollte. Diese Aussetzer traten immer öfter auf. Und dann ist mir meine Arbeitsmedizinerin eingefallen. Da habe ich zu mir gesagt: Jetzt ist der Punkt gekommen, ich muss jetzt kürzertreten! Ich muss eine von beiden Arbeiten aufgeben. Zuerst habe ich diese Aussetzer noch weggedrückt, aber dann habe ich eingesehen, es ist Zeit, eine Veränderung vorzunehmen! Innerhalb kurzer Zeit entschied ich, das Metzgern aufzugeben, da diese Arbeit die weitaus anstrengendere war. Ich muss zugeben, es war eine schwierige Entscheidung für mich. Auch der Arbeitgeber wollte es nur schwer akzeptieren. Da es auch um meine Mutter nicht mehr so gut stand, habe ich innerhalb eines Jahres von der Nachtschicht auf die Nachmittagsschicht gewechselt.

ICH: Du hast wirklich das ganze Leben gearbeitet, kann man sagen. Was mich jetzt wundert, eine Familie oder das Vereinsleben, war das nie ein Thema für dich?

GROß: Familie war eigentlich nie ein Thema für mich. Ich war bei zwei Vereinen, der Feuerwehr und dem Volkstanz. Ich war bei beiden gern dabei. Volkstanz war zusätzlich eine Entspannung für mich. Aber irgendwann ist es sich zeitlich einfach nicht mehr ausgegangen, ich musste beides lassen. Jetzt bei der Feuerwehr, wenn wirklich nur die Proben freitags gewesen wären, anfangs waren sie sogar samstags am späten Nachmittag, da ging es mir natürlich perfekt aus. Dann wurden sie auf Freitag um 19:30 Uhr verschoben, da ist es sich auch noch für mich ausgegangen. Ich musste lediglich noch früher aufstehen, um dabei zu sein. Und dann war ich um 21:00 Uhr zu Hause, um pünktlich zur Arbeit zu fahren. Aber die Proben fanden immer im Gasthaus statt und anschließend gab es dann immer Bier und Alkohol und dann bin ich nicht mehr pünktlich nach Hause gekommen, um mich umzuziehen und zur Arbeit zu fahren. Und wenn ich etwas gesagt hätte, dann wären sie extra nicht gefahren. Dann habe ich innerhalb kurzer Zeit bei beiden Vereinen meine Tätigkeit eingestellt. Ich wurde auch älter und es war für mich einfach nicht mehr machbar.

ICH: Wie alt bist du jetzt?

GROß: 55!

ICH: Dann wirst du bald in Pension gehen?

GROß: Ja, in drei oder vier Jahren.

ICH: Eine Frage noch: Wenn Stress bei der einen oder anderen Arbeit war, wie hast du reagiert?

GROß: Stress war eher beim Milchhof mit den Mitarbeitern. Um die Arbeit war mir keiner neidisch. Aber am Ende des Monats, weil ich ja zwei Gehälter kassiert habe, da waren doch einige neidisch. Da wurde ich schon manchmal zum Beispiel absichtlich samstags öfter eingesetzt als vielleicht andere, weil immer noch einige glaubten, irgendwann wird er es nicht mehr schaffen. Das kann einer nicht packen. Aber diesen Gefallen habe ich ihnen nicht gemacht. Dass diese Geschichte so lange lief und nie nichts fehlte, das konnten einige dann einfach nicht verstehen. Die waren dann der Meinung, der GROß, der müsse was nehmen, sonst wäre das schier nicht möglich. Davon waren doch einige überzeugt, dass ich irgendwelche Drogen oder Medikamente nehme. Aber das ist natürlich Blödsinn; wir mussten uns ja auch Drogentests unterziehen.

ICH: Aber hast du wirklich kein Geheimnis, zum Beispiel auch ernährungstechnisch, was du zu dir nimmst, etwas Natürliches, auf das du schwörst, das dir zusätzlich einen Energieschub gibt?

GROß: Nein, ich habe jetzt keinen Alkohol getrunken. Den letzten Rausch hatte ich mit 22 Jahren. Da waren wir in Lajen bei einem Wettkampf der Feuerwehr. Da haben wir wirklich gefeiert alle miteinander. Abends beim Nachhausefahren habe ich dem Chauffeur gesagt, er solle anhalten, ich müsse mich übergeben. Das erste Mal hat er noch angehalten, dann aber nicht mehr. Wir hatten einen Jeep, da haben wir seitlich dringesessen. Er gab mir zu verstehen, noch einmal hält er für mich nicht an. Ich solle den Kopf aus dem

Fenster halten und mich so übergeben. Das machte ich dann auch. Ich war fix und fertig. Am nächsten Tag war die Sonntagsmesse; das Besuchen derer war damals noch Pflicht! Der Gerätewart inspizierte die Fahrzeuge. Nach der Messe nahm er mich zur Brust und ich bekam einen Anschiss. Zuerst wusste ich nicht einmal, um was es ging. Das war mir damals derart eine Lehre, dass ich ab diesem Zeitpunkt bis heute keinen Alkohol mehr anrührte. Und ich habe auch niemals geraucht. Ich bin überzeugt, dass diese zwei Punkte sehr dazu beigetragen haben, dass ich es schaffte.

ICH: Aber gab es bei der Arbeit niemals Zeitdruck oder dass etwas schiefgegangen ist und das dann Stress ausgelöst hätte?

GROß: Ja manchmal gab es schon Druck in der Metzgerei, weil am Wochenende vermehrt zum Beispiel noch Grillfleisch benötigt wurde. Da wurde es am Freitag auch manchmal 16:00 Uhr, bis ich fertig hatte, da ich die Ware bis zum Samstagmorgen bereitstellen musste.

ICH: Wie bist du mit dem umgegangen? Wie hast du das weggesteckt?

GROß: Ich wusste, das ist zu erledigen. Und wenn ich im Zeitplan drin war, dann verspürte ich auch keinen Druck.

G. Ich bedanke mich jetzt erst mal. Als letzte Frage interessiert mich: Würdest du das noch mal alles so machen?

GROß: Ja, ich bereue gar nichts. Es war eine schöne Erfahrung. Ich muss danken, dass nie etwas passiert ist. Ich hatte wirklich einen Schutzengel. Ich war immer gesund und bin auch heute noch gesund. Ich habe keine Leiden oder Beschwerden, dass ich sagen könnte, das ist die Konsequenz aus diesem Verhalten. Klar, ich werde älter, heute (mit 55 Jahren) hätte ich nicht mehr die Energie, es zu schaffen. Ich würde es auf jeden Fall noch mal so machen.

ICH: Du hast die zwei Arbeiten jetzt nicht aus wirtschaftlichen Gründen machen müssen?

GROß: Nein, klar, es war eine Genugtuung, als ich gesehen habe, ich kann monatlich das Doppelte vom Kredit zurückzahlen. Ich habe dann mein Haus statt in zwanzig in elf Jahren abbezahlt. Das war natürlich ein Vorteil, aber es war keine Notwendigkeit. Es wäre auch mit einer Arbeit gegangen. […] Die Motivation war immer auch, den anderen zu zeigen: Seht her, es ist möglich. Es waren mehrere Mitarbeiter beim Milchhof, die hatten auch kleinere Nebenjobs. Aber keinen Fulltime-Job, sondern nur wenige Stunden zusätzlich. Die mussten es aber allesamt aufgeben, da sie Probleme mit dem Schlaf hatten und es auch psychisch nicht schafften. Ich hatte das Glück, ich ging ins Bett und innerhalb zehn Minuten war ich eingeschlafen. Ich habe von vielen gehört, die die Nachtschicht gemacht haben, die nach zwei Stunden Schlaf nicht mehr schlafen konnten. Da bekommst du natürlich Probleme. Wie gesagt, ich hatte immer Glück. Und zum Glück habe ich den richtigen

> Zeitpunkt erkannt. Und es war kein Zwang. Es war freiwillig, sonst wäre es wohl nicht möglich gewesen.

Ich möchte doch ausdrücklich klarstellen, dass mir schon bewusst ist, dass es für die meisten Menschen nicht erstrebenswert ist, 80 bis 100 Stunden in der Woche zu arbeiten. Im Gegenteil, viele wünschen sich weniger zu arbeiten als die üblichen 40 Stunden in der Woche. Das beweist der Erfolg des Buches „Die 4-Stunden-Woche" von Timothy Ferriss aus dem Jahr 2015. Mit Sicherheit dient die Lebensweise von Herrn Groß auch nicht als Vorbild. Mir geht es vielmehr darum, aufzuzeigen, dass ein Tag mehr als nur acht Stunden hat. Ein Tag hat 24 Stunden. Das ist uns manchmal gar nicht mehr bewusst. Ich möchte mit dieser Geschichte unterstreichen, dass wir mit Disziplin unsere Ziele auch erreichen können. Und dass wir uns manchmal selbst viel zu enge Grenzen setzen. Herr Groß betont unter anderem in dem Interview, dass er grundsätzlich gerne arbeitet und dass ihm vor allem sein Metzger-Beruf sehr viel Freude bereitet. Ich glaube, dass sich für ihn die vielen Stunden nie nur als Arbeit angefühlt hatten, sondern auch als Erfüllung. Das beweist die Tatsache, dass er dieses Leben freiwillig gewählt hat und es ihn auch im Nachhinein nicht bereut. Menschliche Beziehungen standen bei ihm offenbar nicht im Vordergrund. Für ihn hat sich seine Entscheidung genau so auch richtig angefühlt.

[1] www.beruhmte-zitate.de/zitate/2078664-bill-gates-die-meisten-menschen-uberschatzen-was-sie-in-eine/; aufgerufen 01.11.21
[2] https://www.youtube.com/watch?v=i2HorsToftk; aufgerufen 01.11.21
[3] https://www.spruchpool.de/man-kann-dem-leben-nicht-mehr-tage-geben-aber-den-tagen-mehr-leben/; aufgerufen 01.11.21
[4] https://www.presseportal.de/pm/24835/2631810; aufgerufen 01.11.21

VIII. Wie wir mehr Zeit haben

Zeitfresser und Zeitdiebe

Bei Zeitfressern handelt es sich für gewöhnlich um Tätigkeiten, die lange dauern, ohne uns ein gewünschtes Ergebnis zu bringen. Noch viel schlimmer ist aber, dass viele Tätigkeiten darüber hinaus uns noch zusätzliche Zeit rauben. Das sind wahre Zeitdiebe. Wenn wir zum Beispiel ohne konkretes Ziel im Internet surfen, dann sind das richtige Zeitfresser. Wir klicken von einem Link auf den nächsten und lassen uns wortwörtlich auf hoher See des Internets treiben. Bei solchen Aktivitäten ist meistens kein Ende in Sicht. Wenn uns dabei nicht zufällig der nächste Termin unterbricht, dann beenden wir diese Tätigkeit meistens erst zu dem Zeitpunkt, wo wir müde werden. Oder es fällt uns tatsächlich auf, dass wir unsere Zeit verschwenden. Als wäre das nicht schon schlimm genug, ist uns normalerweise nicht bewusst, dass diese Reizflut, der wir bei diesem Ausflug ins Internet ausgesetzt sind, uns auch noch Energie und somit indirekt Zeit raubt. Wir benötigen dann zusätzlich Zeit zur Erholung.

Ein wahrer, großer Zeitdieb ist das Fernsehen! Die meisten von uns glauben nämlich fälschlicherweise, dass Fernsehen eine entspannende Tätigkeit ist, die wir uns zum Beispiel am Abend nach einem anstrengenden Arbeitstag gönnen. Leider verstehen die wenigsten, dass die

Aufarbeitung der gesehenen Bilder zusätzlich Energie in Anspruch nimmt. Und deshalb gibt uns der anschließende Schlaf nicht die Erholung, die wir sonst ohne Fernsehen hätten.

Wenn ich an das Arbeitsleben denke, dann fällt mir sofort der übertriebene Sitzungskult ein. Es gibt wirklich keine größeren Zeitfresser als Meetings! Machen wir uns einmal bewusst, wie die meisten Sitzungen ablaufen. Ihr persönlicher Redeanteil liegt normalerweise, wenn Sie nicht gerade der Moderator oder der Referent sind, bei einem Bruchteil der gesamten Sitzungszeit. Im Grunde ist für Sie die restliche Zeit eine „Leerzeit", weil Sie nichts Produktives machen können. Meistens sind Sie sogar über viele Details im Voraus informiert, die bei dem Meeting besprochen werden.

Eine wichtige Vorarbeit hat in diesem Zusammenhang bereits die Abhaltung von Videokonferenzen gebracht. Und trotzdem bleibt noch viel zu viel „Leerzeit" übrig. Ein Lösungsansatz ist auf jeden Fall, Meetings so gut wie möglich vorzubereiten. Alles, was vorher bereits erledigt werden kann, sollten wir auch vor dem Meeting erledigen. Zum Beispiel können wir Informationen, die wir bereits vor dem Meeting besitzen, allen betreffenden Personen vorab zugänglich machen. Die reine Dauer des Meetings reduziert sich dadurch erheblich. Eine manchmal notwendige Diskussion müssen wir vorher zeitlich beschränken. Meetings sollten immer auch in einer Beschlussfassung münden. Ansonsten ist das Meeting von vornherein zu überdenken.

Eine weitere Möglichkeit besteht darin, nur die Entscheidungsträger einzuladen. Personen, die wir eventuell zur Klärung von aufkommenden Fragen benötigen, sollten wir nur in Kenntnis setzen, dass sie sich bereithalten, um bei Bedarf kontaktiert werden zu können.

Um Zeit zu sparen, habe ich zum Beispiel in der Pandemie sogar damit begonnen, keine Tageszeitungen mehr zu lesen. Zu meiner Oberschulzeit wurde uns das damals noch als unverzichtbar beigebracht. Das war zu der Zeit „en vogue". Ansonsten galt man als ungebildet. Ich wage zu behaupten, heute geht der Trend eher in die andere Richtung: Wer ausschließlich Tageszeitungen liest, gilt nicht als sonderlich gebildet.

Als Ersatz für die Printausgabe von Tageszeitungen zählen längst die unzähligen Online-Nachrichtenportale auf Ihrem Smartphone. Die sind mittlerweile so programmiert, dass Sie diese Online-Portale nicht mehr gezielt ansteuern müssen, um zu Informationen zu kommen. Ein von wirklich raffinierten Menschen ausgeklügelter Algorithmus sorgt nämlich dafür, dass Sie auf Ihrem Smartphone mit einem einfachen „Swipen" ein nicht mehr enden wollendes Informationsangebot vorfinden, das speziell für Sie ausgesucht wurde. Ich gebe zu, ich habe große Schwierigkeiten, mich diesen Informationsreizen zu entziehen. Und ich nehme an, es geht vielen Menschen wie mir.

Einer der größten aktuellen Zeitfresser sind die Social-Media-Apps. Indem wir allen möglichen Anzeigen auf diesen Apps unsere Aufmerksamkeit schenken, wird uns unmerklich Lebenszeit gestohlen. Und diese unsere Zeit ist der anderen Geld! Für unsere Zeit, die wir zum Beispiel auf Facebook bei einer Anzeige stehen bleiben, lassen sich die sozialen Medien über ihre Werbefunktionen fürstlich entlohnen. Die Corona-Pandemie hat generell unseren Internetkonsum noch einmal wesentlich verstärkt. Da die Digitalisierung unserer Welt bereits vor der Pandemie derart schnell voranging, gibt es leider noch keine Patentrezepte, wie wir mit dieser Informationsflut und Vernetzung am besten umgehen können. Auch für Erwachsene ist diese Entwicklung neu. Sie können deshalb für die Jugend auch keine Vorbildfunktion einnehmen. Die Herausforderung stellt sich für alle Generationen gleich.

Als weiteres Beispiel für einen typischen Zeitfresser führt Bodo Schäfer das übermäßige Trinken von Alkohol an. Indem wir uns einen Rausch antrinken, stiehlt uns der Kater am nächsten Tag wertvolle Lebenszeit, die wir möglicherweise ohne Kater sinnvoller gestalten könnten. Vor allem mit zunehmendem Alter fällt uns das immer mehr auf.

Meine Botschaft an Sie lautet: *Verschwenden Sie Ihre Zeit nicht!*

Zeitengel

Zeitengel sind wie Schutzengel. Sie schützen uns vor Zeitverschwendung. Und weil sie uns darüber hinaus zusätzliche Zeit schenken, nenne ich sie Zeitengel! Bodo Schäfer spricht in diesem Zusammenhang von Plus-Zeit-Aktivitäten.[1] Als anschauliches Beispiel für Plus-Zeit führt er das Benutzen eines Navi-Gerätes an. Indem wir uns Zeit nehmen, den gewünschten Zielort einzugeben, sparen wir enorm viel Zeit, die wir ansonsten für das Finden des Zielortes benötigen würden.

Ein Zeitengel erfolgreicher Menschen stellt das ständige Lernen von Neuem dar. Wir sollten uns gezielt fortbilden, um unsere Fähigkeiten immer weiterzuentwickeln.

> „Immer, wenn wir etwas lernen, das unser Leben leichter macht, dann schenkt uns das Zeit!"
> *(Bodo Schäfer)*[2]

Eine Studie von Thomas Corley unter mehr als 200 Millionären ergab, dass die große Mehrheit von ihnen nicht fernsieht und stattdessen Bücher, Hörbücher, Blogs oder Nachrichtenseiten als Hauptunterhaltungsquelle bevorzugt. Aber wer hat schon Zeit für so etwas? Gute Frage. Die meisten Menschen arbeiten den ganzen Tag und am Ende scheint keine Zeit mehr für irgendetwas übrig zu sein, aber da kommt die 5-Stunden-Regel ins Spiel. Stars wie Bill Gates, Warren Buffett, Oprah Winfrey, Elon Musk, Mark Cuban und Jack Ma wenden sie jeden Tag an. Die 5-

Stunden-Regel besagt, dass Sie pro Tag mindestens eine Stunde ein Buch lesen, beziehungsweise etwas Neues lernen, also insgesamt 5 Stunden in der Arbeitswoche.[3]

Weitere Beispiele für Zeitengel, auf die ich in den nächsten Kapiteln näher eingehe, sind: die Planung unserer Zeit, das Delegieren von Aufgaben, das Eliminieren von Ablenkungen, das Einhalten von Pausen und das Genießen von Freizeit, das Pflegen von zwischenmenschlichen Beziehungen, das Ordnung halten, das Probleme lösen und noch einiges mehr. Sie müssen selbst entscheiden, was für Sie eine Tätigkeit darstellt, die Ihnen mehr Zeit bringt. Seien Sie sich im Klaren darüber, dass das, was Sie weiterbringt, Ihnen schlussendlich mehr Zeit erschafft.

Als ich vor Jahren damit begann, wieder ein Buch in die Hand zu nehmen, da habe ich fast ein ganzes Jahr dafür gebraucht, es zu lesen. Ich habe mir dann gedacht, so kommst du nicht weiter. Als ich mit dem Buch durch war, hatte ich den ersten Teil des Buches schon wieder vergessen. Ich habe dann zufällig in einer Tageszeitung einen Artikel über „Speed Reading" entdeckt und war total erstaunt, dass es so etwas gibt. Und da habe ich mich umgehend zum beworbenen Seminar angemeldet. Ich habe tatsächlich meine Lesegeschwindigkeit durch diverse Techniken und Werkzeuge mindestens verdoppelt. Mittlerweile habe ich Apps entdeckt, die Bücher als Hörbücher auf 15 Minuten Hörzeit zusammenfassen. Ich bin gespannt, welche Chancen uns das noch bietet.

> „Wer nicht jeden Tag etwas für seine Gesundheit aufbringt, muss eines Tages viel Zeit für die Krankheit opfern."
> *Sebastian Kneipp*[4]

Wir müssen uns klar machen, wie viel potenzielle Lebenszeit wir uns durch eine gesunde Lebensführung erschaffen können. Dabei lässt sich streiten, was alles zu unserer Gesundheit beitragen kann. Das Thema ist natürlich auch sehr emotional. Ich denke aber, dass es sich auf jeden Fall auszahlt, sich mit diesem Thema zu beschäftigen. Fakt ist: Je gesünder wir sind, umso mehr Qualitätszeit haben wir. Wer schon einmal ernsthafte gesundheitliche Probleme hatte, ist sich dessen bewusst, dass Zeit nicht gleich Zeit ist. Beim Thema Gesundheit gibt es derart viele Bereiche, dass wir schwer alles in unserem Leben berücksichtigen können. Meine persönlichen vier, grob eingeteilten Säulen der Gesundheit bestehen aus Bewegung, Ernährung, Psyche und Umfeld. Ich denke, dass Gesundheit immer das Ergebnis von vielen kleinen Schritten ist. Ich bin der Meinung, jeder muss für sich das für ihn Stimmige finden.

Eine der wichtigsten Maßnahmen, die uns mehr Zeit bringt, ist das Delegieren! Es gibt ja immer Dinge, die getan werden müssen, die wir aber nicht gut können und/oder die uns auch keinen Spaß machen. Listen Sie einmal alle diese Dinge auf! Langfristig, im Grunde so schnell wie möglich, sollten Sie diese Dinge delegieren! Konkret empfiehlt Bodo Schäfer: „Finde Menschen, die das, was du nicht tun willst, gut tun beziehungsweise besser tun und auch gerne tun!

Die hohe Kunst des Delegierens ist es, vollständig zu delegieren."[5] Das bedeutet, dass zusätzlich zur Aufgabe auch die Verantwortung übertragen wird. Das ist deshalb sinnvoll, weil der andere die Aufgabe besser erledigen, als Sie es tun können. Warum sollten Sie einem solchen Menschen dreinreden oder erklären, wie er seine Aufgabe zu machen hat? Das wäre ja blöd; er kann es ja besser als Sie. Bezogen auf Führungskräfte in Unternehmen geschieht das in den allermeisten Unternehmen laut einem Kommentar der Plattform Creator noch zu selten. Auch weil das Ganze ein Streitthema ist: Lässt sich Verantwortung überhaupt delegieren? Liegt sie nicht immer beim Chef und bleibt auch da? In vielen Unternehmen hat sich der Gedanke durchgesetzt: Nein, Verantwortung kann man nicht abgeben. Brennt etwas an, wird immer noch die jeweilige Führungskraft gegrillt. Und darum delegieren wir nach wie vor nur Aufgaben.[6]

Vielleicht können Sie als Führungskraft nicht die Gesamtverantwortung für ein Ergebnis abgeben. Aber Sie können immerhin die Entscheidungsverantwortung dafür abgeben. Also: Sie können es Ihren Mitarbeitern überlassen, welchen Weg sie wählen. Simples Beispiel: In Ihrer Verantwortung als Chefin oder Chef liegt es, dass in einer schönen Location eine schöne Weihnachtsfeier stattfindet. Aber Sie müssen die Location nicht selbst festlegen. Sie müssen nicht selbst entscheiden, ob es ein Menü oder ein Büffet gibt, und Sie müssen auch nicht entscheiden, dass Sie einen Contest im Eisstockschießen machen. Das können Sie alles Ihrem Team anvertrauen. Geben Sie ihnen die

Entscheidungsverantwortung! Damit erfahren Ihre Leute die Wertschätzung, dass Sie ihnen zutrauen, hier professionell und kompetent zu entscheiden.

Und zu allem, was Sie nicht gut und gern tun wollen, aber nicht vollständig delegieren können, zu dem sollten Sie „Nein" sagen. Im Kapitel über Stress habe ich bereits geschrieben, Sie sollten im Umgang mit Zeit lernen, „Nein" zu sagen! Wir dürfen einfach nicht glauben, alles immer selbst machen zu müssen. Sie haben sicher schon öfter den Ausspruch oder Glaubenssatz gehört: „Wenn ich es nicht selbst mache, dann ist kein Verlass darauf!"

[1] Schäfer, Bodo: Online-Kurs: „Zeit zu gewinnen"
[2] Schäfer, Bodo: Online-Kurs: „Zeit zu gewinnen"
[3] https://www.gq-magazin.de/lifestyle/artikel/5-stunden-regel-hat-bill-gates-und-elon-musk-reich-gemacht; aufgerufen 01.11.21
[4] https://beruhmte-zitate.de/zitate/132849-sebastian-kneipp-wer-nicht-jeden-tag-etwas-zeit-fur-seine-gesundhei/; aufgerufen 01.11.21
[5] Schäfer, Bodo: Online-Kurs: „Zeit zu gewinnen"
[6] https://greator.com/die-kunst-des-delegierens/; aufgerufen 01.11.21

IX. Planung

> „Der beste Weg, mich auf jeden Moment der Zukunft vorzubereiten, besteht darin, voll bewusst in der Gegenwart zu leben."
> *Deepak Chopra*[1]

Für Unternehmen ist es mittlerweile normal, dass sie ihre Zukunft planen. Dabei werden verschiedene Zeiträume geplant. Im Grunde wird zwischen strategischer und operativer Planung unterschieden. Ähnlich wie bei den Zielsetzungen, da habe ich von Lebenszielen und kurzfristigen Zielen gesprochen. Alles, was über ein Jahr hinausgeht, fällt unter die strategische Planung. Auch Privatpersonen sollten sich einen strategischen Plan erstellen. Wie bereits im Kapitel über die Ziele gestreift, ist es wichtig, sich im Klaren zu sein, wo soll meine Reise hingehen. Das ist kein großartiger Plan, es ist vielmehr ein Traumalbum, das die wichtigsten Ziele und Träume meines Lebens enthält. Ebenso enthält er meine absolut wichtigsten Wertehaltungen, die nicht verhandelbar sind. Meine einzige Aufgabe dabei ist es, diesen meinen Lebensplan in regelmäßigen Abständen zu hinterfragen. Manchmal haben sich in der Zwischenzeit durch verschiedene, oft auch zufällige Begebenheiten, meine Lebenseinstellungen geändert, ohne dass ich es bemerkt habe. Daraus ergibt sich manchmal, dass ich mittlerweile gar andere Ziele anstrebe und sich meine Richtung leicht geändert hat.

Der wichtigste Unterschied zu einem Unternehmensplan besteht generell darin, dass ich nicht nur Berufliches, sondern – mindestens genauso wichtig – auch Privates berücksichtige. Das gilt unabhängig vom Zeitraum. Ich sollte am besten überhaupt alle Lebensbereiche unterbringen, also zum Beispiel auch meine Gesundheit. Wie Sie Ihre Lebensbereiche aufteilen, können Sie selbst entscheiden.

Ein Plan ohne Kontrolle ergibt wenig Sinn, das sagt uns bereits die Betriebswirtschaftslehre. Das bedeutet auf die persönliche Planung übertragen, dass ich mich in regelmäßigen Abständen, unabhängig, um welchen Zeitraum es sich handelt, fragen muss, ob ich auf Kurs bin. Und ob ich meine Ziele schlussendlich erreiche. Wenn ich berechtigte Zweifel habe, stellt sich für mich folgende Frage: Was muss ich ändern? Was muss ich jetzt machen, dass ich das Ziel doch noch erreiche? Oder sollte ich mein Ziel ändern? War es vielleicht zu hochgesteckt? Dieser Schritt ist wichtig, dass ich daraus lerne. Ich analysiere, wieso ich mein Ziel eventuell nicht erreichen werde. Daraus ziehe ich meine Schlüsse und nehme dann Korrekturen vor.

Jahresplanung

Eine Jahresplanung ergibt durchaus Sinn, weil ich da meine Schwerpunkte des Jahres festlege. Ein Zeitraum von einem Jahr ist für uns noch greifbar, darüber hinaus ist die Vorstellungskraft bereits schwierig. Deshalb ist diese Planung für uns sehr wichtig. Private Schwerpunkte wären unter anderem unser Urlaub. Dadurch, dass ich meinen Urlaub plane, kann ich mein privates Umfeld miteinbeziehen. In der Folge kann ich auch meine beruflichen Projekte optimaler koordinieren und abstimmen. Dieser Plan benötigt keinen unmöglich großen Aufwand und ist einfach unglaublich wichtig. Er gibt mir Orientierung. Private Schwerpunkte können aber auch gesundheitlicher oder finanzieller Natur sein. Außerdem kann ich zum Beispiel alle meine Fortbildungen, die ich besuchen möchte, eintragen.

Auf jeden Fall ist jede Planung schriftlich zu machen. Ob ich dabei digitale Medien verwende oder nur auf einem Blatt Papier, das ist zweitrangig. Wichtig ist, dass der Plan gut und fortwährend sichtbar ist und nicht in einer Schublade verschwindet oder nur umständlich aufgerufen werden kann. Ich sollte nicht umhinkommen, immer wieder einen Blick darauf werfen zu müssen. Es gibt Planungstools wie Sand am Meer, deshalb möchte ich darauf nicht näher eingehen. Jeder hat andere Vorlieben und sollte sich seine Vorgehensweise individuell und kreativ gestalten.

Wochenplanung und Tagesplanung

Ein weiterer Grund, warum Planung uns weiterbringen kann, ist, dass wir die Aufschieberitis stark einschränken können. Stellen Sie sich vor, wenn ich für diese Woche dies oder jenes geplant habe, und ich erledige es nicht, dann muss ich es ja auf die nächste Woche verschieben. Und wenn ich es da auch nicht durchziehe, muss ich es wieder verschieben und wieder verschieben. So lange, bis ich es irgendwann leid bin, und schon aus diesem Grund *erledige* oder eine andere Möglichkeit finde, mich dieser Aufgabe zu *entledigen*. Vielleicht frage ich mich dann einfach: Warum muss ich diese Sache erledigen? Kann das nicht jemand anderes für mich machen? Übrigens, das ist eine Frage, die wir uns immer wieder stellen sollten, bei jeder einzelnen Aufgabe: Kann ich die Aufgabe delegieren?

Es gilt auch für den Tages- und Wochenplan, dass wir berufliche und private Ziele, Aufgaben und Termine eintragen sollten. Ihre privaten Ziele sollten auf jeden Fall denselben Stellenwert wie Ihre beruflichen Ziele einnehmen. Wenn Sie Ihre privaten Termine und Aufgaben nur auf den Zeitpunkt verschieben, wo Sie bereits müde sind und keine Energie mehr haben, dann sind Sie Ihnen nicht wertvoll genug. Dann werden Sie Ihre Ziele nicht in allen Lebensbereichen erreichen können. Das hat immer zur Folge, dass wir zu einem späteren Zeitpunkt im Vergleich mehr Zeit aufwenden müssen, um die vernachlässigten Bereiche aufzuholen und wieder ins Gleichgewicht zu kommen. Das Stichwort in diesem Zusammenhang lautet Work-Life-Balance. Zugegebenermaßen ist es eine große Herausforderung, Harmonie zwischen allen Lebensbereichen herzustellen. Aber stellen wir uns nur mal vor, wir investieren zum Beispiel regelmäßig zu wenig Zeit in unsere Beziehung zu unserer/m Liebsten, dann kann es passieren, dass wir irgendwann einmal allein dastehen. Und dann benötigen wir viel Energie und Zeit, uns von der Trennung zu erholen und für den möglichen Aufbau einer neuen Beziehung.

Eine große Hilfe, um berufliche Ziele zu erreichen, kann es sein, wenn du deinen Arbeitstag in drei verschiedene Abschnitte einteilst. Laut Bodo Schäfer teilt Richard Branson, ein weltweit erfolgreicher Multiunternehmer, seinen Arbeitstag immer in folgende drei Zeit-Abschnitte ein:[2]

- ein Drittel arbeiten fürs tägliche Brot
- ein Drittel lernen und wachsen
- ein Drittel Positionierung

Das ist natürlich eine extreme Einteilung, die sich nicht so einfach von heute auf morgen umsetzen lässt. Aber es zeigt uns, dass, wenn wir uns nicht nur auf das reine Abarbeiten unserer täglichen Aufgaben konzentrieren, uns das auf jeden Fall beruflich weiterbringt. Konkret für Sie bedeutet das, dass Sie sich bewusst täglich dafür entscheiden, etwas Neues zu lernen und es auch umsetzen! Dieses Neue muss sich nicht rein auf Ihr Fachwissen beschränken, sondern es kann durchaus auch Ihre persönlichen Fähigkeiten weiterentwickeln. Wenn Sie sich verstärkt mit Ihrer Persönlichkeit auseinandersetzen, bringt Ihnen das zeitlich gesehen enorme Vorteile. Ihnen wird immer klarer, was für Sie wichtig ist und Ihnen fällt es daraufhin leichter, sich von unwichtigeren Sachen loszulösen.

Was bedeutet Positionierung? Im Grunde ist Positionierung nichts anderes, als dass Sie sich selbst verkaufen! Dass Sie sich täglich darum bemühen, den anderen Ihren speziellen Wert aufzuzeigen. Dass Sie als wertvoll wahrgenommen werden. Sie müssen zuerst verstehen, dass dies nicht von allein geht. Das ist ein ständiger Prozess. Und je mehr Sie dafür tun, umso wertvoller werden Sie auch angesehen. Sei es als Lohnabhängiger aber auch als Selbstständiger. Beim Selbstständigen kann man im Grunde von gezielter Werbung sprechen. Das ist für uns leichter zu verstehen. Wir zeigen unserem Zielkunden auf, welches konkrete Problem wir für ihn lösen können. Und genauso verhält es sich in einem Angestelltenverhältnis. Wir müssen immer wieder unseren speziellen Wert für die Firma aufzeigen. Das setzt natürlich voraus, dass wir ihn selbst kennen. Und das bedeutet, dass wir uns immer wieder damit beschäftigen sollten, was wir für die Firma leisten. Es hilft uns, wenn wir uns täglich fragen: Was kann ich tun, um meinen Wert für meine Firma sichtbar zu machen? Ich werde einen Ausspruch meines ehemaligen Chefs nie mehr vergessen: „Es ist sehr schwer bei dir, deinen wahren Wert zu erkennen!" Und genau so war es leider auch. Ich glaube zwar, sehr gute Arbeit geleistet zu haben, aber niemand hat es mitbekommen. Und dass Ihnen das nicht passiert, achten Sie ständig darauf, Ihre Leistung zu kommunizieren!

Priorisieren

Bevor ich meine geplanten Tätigkeiten in eine zeitliche Reihenfolge bringe, muss ich mir zuerst klar werden, was alles zu tun ist. Ich erstelle also eine Liste, in der ich alle Tätigkeiten und Termine anführe, die ich in der kommenden Woche erledigen möchte. In der Folge gibt es mehrere

Modelle, deine Aufgaben zu priorisieren. Grundsätzlich gibt es zwei Kriterien, nämlich die Wichtigkeit und die Dringlichkeit, nach denen ich meine E-Mail festlegen kann. Wobei normalerweise die Wichtigkeit über der Dringlichkeit steht. Es reicht auch, nur eine Einteilung der einzelnen Aufgaben nach ihrer Wichtigkeit in A-, B- oder C-Aufgaben vorzunehmen. Ich überlege mir dabei, wie wichtig eine Aufgabe für mich ist, um meine Ziele zu erreichen. Bei den C-Aufgaben sollte ich mich fragen, wer besser dafür geeignet wäre als ich, diese Aufgabe zu erledigen. Nehmen Sie sich vor, diese Art von Aufgaben heute zum letzten Mal gemacht zu haben. B-Aufgaben, die sind wichtig und müssen von Ihnen selbst erledigt werden. Sie sind aber für Sie persönlich nicht so wichtig, weil sie Sie beruflich wie privat nicht Ihren Lebenszielen näherbringen, sondern nur den Status quo absichern. Der größte Fehler der meisten Menschen, die ich kenne, ist, dass sie sich zu viel mit dem Abarbeiten der B-Aufgaben beschäftigen und dann für die wirklich wichtigen A-Aufgaben zu wenig Zeit haben. Diese A-Aufgaben, Bodo Schäfer nennt sie die Elefanten[3], sind Ihre Aufgaben und Projekte, die Sie beruflich wie privat Ihren Lebensträumen näherbringen. Die können nur Sie selbst erledigen. Für diese Aufgaben benötigen Sie die allerhöchste Konzentrations- und Kreativitätsstufe. Und genau deshalb müssen Sie sich für diese allerwichtigsten Tätigkeiten Zeiträume reservieren. Da müssen Sie dafür sorgen, dass Sie absolut ungestört sind und wirklich von niemandem abgelenkt werden. Wie Ihnen das am besten gelingt, erkläre ich Ihnen gleich.

Sie fragen sich jetzt bestimmt: „Moment, Aufgaben muss ich doch so planen, dass zuerst die wirklich dringenden Sachen erledigt werden müssen, unabhängig von ihrer Wichtigkeit?" Dazu habe ich eine klare Meinung. Viele Dinge sind erst dadurch dringend geworden, weil ich sie vor mir hergeschoben habe. Und klar, die muss ich jetzt wirklich an erster Stelle erledigen. Und jetzt kommt etwas ganz Fundamentales: Sie müssen in Ihren Tagesplan genügend Pufferzeiten übriglassen! Ein Großteil der Zeitexperten empfiehlt, dass Sie insgesamt nur einen Teil Ihrer Arbeitszeit verplanen sollten. Zum Beispiel könnten Sie sich vornehmen, maximal 60 Prozent Ihrer Tagesarbeitszeit zu verplanen. Die restliche Zeit benötigen Sie wahrlich immer für Unvorhergesehenes und für die Pflege Ihrer zwischenmenschlichen Beziehungen. Unvorhergesehenes kommt mit Sicherheit immer dann, wenn wir es am wenigsten erwarten.

Mit welcher Aufgabe beginnen Sie nun konkret Ihren Tag? Viele Zeitexperten raten Ihnen, jene Aufgabe zuallererst zu machen, die Sie am wenigsten mögen und die Ihnen deshalb auch am schwersten fallen. Ich denke, das ist durchaus sinnvoll, weil Sie dadurch vermeiden, dass Sie diese Aufgabe aufschieben. Und gleichzeitig vermeiden Sie das schlechte Gewissen, das Sie in diesem Fall mit Sicherheit begleitet. Mittelfristig ist es vielleicht hilfreich, sich von solchen Aufgaben zu trennen und sich vor allem mit Aufgaben, die Sie mögen, zu umgeben! Ein weiterer Tipp wäre, den ich leider selbst nicht immer einhalte, dass Sie nicht nur den Beginn eines Termins planen, sondern immer auch das Ende festlegen. Dadurch vermeiden Sie, dass Ihre

Pufferzeiten bereits dadurch aufgebraucht werden, weil Ihr Termin nicht mehr endet.

Fixierung von A-Aufgaben

Da die A-Aufgaben unsere wichtigsten Tätigkeiten darstellen, denen wir am meisten Energie zuwenden sollten, ist es wichtig, dass wir uns dafür jeweils ein bestimmtes Zeitintervall fixieren. Dabei sollten diese Zeitintervalle mindestens dreißig Minuten betragen und fünfzig Minuten nicht überschreiten. Das bedeutet, dass dann eine Unterbrechung folgen muss, um den Geist wieder aufzufrischen. In „Vorbei mit der Aufschieberei" von Neil Fiore ist die Rede von der „Dreißig-Minuten-Regel".[4] Sie beinhaltet die Aufforderung, dass Sie sich dreißig Minuten vornehmen und reservieren, um mit einer Sache zu beginnen. „Verpflichten Sie sich selbst darauf, jeden Tag nicht länger als dreißig Minuten an einer bestimmten Aufgabe zu arbeiten. Damit können Sie ein Programm starten, das Sie von einem Aufschieber in einen produktiven Menschen verwandelt." Vielleicht erscheint Ihnen dreißig Minuten nicht ausreichend, um bei einem großen Projekt etwas voranbringen zu können. Dreißig Minuten können jedoch für die Lösung eines Problems alle Zeit der Welt sein, wenn Sie völlig konzentriert sind. Sie werden dann auf Ihre Uhr schauen und überrascht sein, wie viel Sie in einem Zeitraum zustande gebracht haben, der einem normalerweise kurz vorkommt. Wichtig dabei ist allerdings, dass Sie von nichts, wirklich von gar nichts abgelenkt werden. Ihre Aufgabe ist es, dafür zu sorgen, dass Sie wirklich nicht gestört werden. Sie schließen Ihre Bürotür ab, leiten Ihr Telefon um, stellen Ihr Handy auf Flugzeugmodus und schließen auch Ihr E-Mail-Programm. Nur wenn Sie absolut ungestört sind, können Sie wirklich richtig in den Flow-Zustand kommen. Bodo Schäfer geht in seinem Zeitseminar sogar noch einen Schritt weiter: Bereiten Sie diese Zeitintervalle sehr sorgfältig vor, indem Sie sich alle für die Aufgabe benötigten Utensilien bereitstellen, inklusive Essen und Trinken. Natürlich sollten Sie während dieser Zeiteinheiten normalerweise nicht essen. Es könnte aber passieren, dass Sie in Unterzucker gehen. Dann wäre es hilfreich, wenn Sie schnell einen Riegel zur Hand haben, um Sie wieder mit genügend Energie zu versorgen. Bodo Schäfer empfiehlt zugleich auch, gewisse Rituale vor und nach diesen geplanten Zeiteinheiten durchzuführen, damit Sie leichter und schneller in den gewohnten Fluss kommen.[5] Das könnte zum Beispiel sein, dass Sie immer denselben Raum benützen oder eine gewisse Kleidung, die Sie sich anziehen. Oder vielleicht hören Sie sich ein bestimmtes Lied vor dem Beginn an. Ich möchte betonen, dass es sich bei diesen Zeiteinheiten nicht zwingend nur um Arbeit handelt. Wie bereits in früheren Kapiteln beschrieben, kann es auch um andere Lebensbereiche wie zum Beispiel Gesundheit, Bewegung oder Beziehungen gehen.

Ein sehr bekanntes Modell, das in diesem Zusammenhang genannt wird, ist die Pomodoro-Technik. Dazu gibt es auch Apps, die Sie bei der Zeitmessung unterstützen und die Ihre „Pomodoros", das sind die Dreißig-Minuten Zeiteinheiten, aufzeichnen und summieren. Im Grunde orientieren Sie sich bei diesen Zeitfixierungstechniken nicht mehr direkt an den Tätigkeiten, sondern an der Anzahl der Zeiteinheiten, die Sie für eine bestimmte Tätigkeit aufwenden. Das heißt, Sie planen nicht mehr die Aufgabe als solches, sondern die „Pomodoros", die Sie für diese Aufgabe benötigen. Es ändert sich im Grunde nur die Perspektive. Der Fokus wird auf die Zeit gelegt und bewirkt dadurch, dass wir vor einer großen Aufgabe nicht vor Ehrfurcht erstarren und uns irgendwie nicht motivieren können zu beginnen oder uns damit abzugeben, weil noch so viel vor uns zu scheint. Die Motivation steigt enorm, weil ich mir bewusst bin, dass ich mit jedem „Pomodoro" meinem Ziel näherkomme. Belohnen Sie sich nach jedem dieser „Arbeitsabschnitte" mit einer Pause oder wechseln Sie zu einer angenehmeren Aufgabe. Neil Fiore schlägt in seinem Buch vor, dass es besonders günstig ist, diese Zeitabschnitte unmittelbar vor einer Freizeitaktivität oder einer gesellschaftlichen Verpflichtung einzuplanen, denn diese angenehmen Betätigungen haben die Kraft, Motivation für die ihr vorausgehende Aktivität zu schaffen.[6] Das kennen wir doch von den Kindern, wenn sie in Erwartung von etwas Angenehmen sind, wie leicht sich etwas umsetzen lässt: „Iss zuerst einen Apfel, danach bekommst du das Eis!"

Als eine wichtige A-Aufgabe kann auch die Beziehungszeit mit unserem Partner betrachtet werden. Meine Frau und ich suchten uns vor einiger Zeit Hilfe, um immer wieder aufflammende Beziehungskrisen in den Griff zu bekommen. Von Südtirols bekanntestem Ehe- und Beziehungsberater, Toni Fiung, habe ich in einem seiner Referate folgenden Tipp aufgeschnappt, den ich für mich persönlich als Gradmesser für die Qualität unserer Beziehung übernommen habe:

> „Wer sich in der Regel nicht mindestens einmal die Woche Zeit für seinen Partner nimmt, bei dem ergibt es wenig Sinn, eine Beziehung aufrechtzuerhalten!"[7]

Dabei meint Fiung, dass wir einmal die Woche ausschließlich Zeit mit unserem Partner verbringen und nicht, was viele falsch verstehen, Zeit mit der Familie. Nicht, dass Familie, also Kinder und Partner gemeinsam, nicht genauso wichtig wären! Aber das ist keine reine Partnerzeit. Und genau das machen viele Paare falsch, dass sie diese Zeit verwechseln und sich nachher wundern, dass ihr Partner sich vernachlässigt fühlt. Also fixieren Sie sich mindestens einmal die Woche Zeit, auch wenn es noch so schwierig zu organisieren ist, die Sie mit dem Partner verbringen möchten. Und wenn es nur ein gemeinsames Mittagessen oder ein gemeinsames Kaffeetrinken mit Ihrem Partner ist. Wichtig dabei ist nur, dass die Aufmerksamkeit nur bei Ihrem Partner ist und nicht bei Ihren Kindern oder Freunden.

Der umgekehrte Zeitplan[8]

Wenn Sie größere Aufgaben angehen, ist es immer sinnvoll, einen Überblick über deren Umfang zu haben. Nur dann gelingt auch eine zweckmäßige Planung. Oft aber weiß man nicht genau, wo man beginnen soll. Da hilft Ihnen auf jeden Fall der Spruch „Lieber falsch begonnen als perfekt gezögert", um einfach einmal aus den Startlöchern zu kommen. Meistens zeigen sich dann im Tun die Lösungen. Aber natürlich geht es nicht ohne Struktur. Vielleicht kennen Sie ja schon aus dem Projektmanagement den einen oder anderen hilfreichen Ansatz. Ein Lösungsansatz bei größeren Projekten ist auf jeden Fall der „umgekehrte Zeitplan": Er beginnt mit dem Schlusstermin für das Projekt und führt dann Schritt für Schritt rückwärts bis zur Gegenwart. Konkret unterteilen Sie die Aufgabe in Abschnitte und die eventuell noch mal in kleinere Arbeitsschritte. Mit Ihrer Hilfe können Sie erkennen, was Sie sofort erledigen können, was und wann Sie delegieren können und wo es die Möglichkeit für eine Atempause gibt. Anstatt sich einer riesigen, drohenden, nicht zu bewältigenden Aufgabe gegenüberzusehen, haben Sie es jetzt lediglich mit kleinen Einheiten zu tun, von denen Sie sich gut vorstellen können, sie zu bewältigen.

> **Exkurs:**
> Interview mit Bergsteigerlegende Reinhold Messner, von Markus Böhm, 26. April 2021.[9]
>
> STANDARD: Kam es oft vor, dass Sie einen Zeitplan nicht einhalten konnten?
>
> MESSNER: Bei einem Abenteuer kommt es immer auf eine gute Zeiteinteilung an. Wenn man die Antarktis durchquert, spielt der Sonnenauf- und Sonnenuntergang eine

Rolle. Da bräuchte ich im Grunde keine Uhr. Bei der Arbeit ... ich sage immer, ich arbeite nicht, ich lebe ... bin ich der pünktlichste Mensch der Welt. Mir ist das wichtig. Deshalb brauch ich einen Zeitmesser. Ich trage seit 60 Jahren eine Uhr.

STANDARD: Was bedeutet Zeit für Sie?

MESSNER: Die Zeiteinteilung ist menschengemacht. Es gibt offenbar ein Bedürfnis danach, ein Bedürfnis nach Orientierung. Generell brauch ich eine Uhr, um objektiv zu wissen, wie viel Zeit vergangen ist. Wenn man sich dem Gipfel des Everest nähert, ohne Sauerstoffgerät, ist das gefühlt eine ewige Schinderei. Man wird immer langsamer und hat das Gefühl, dass der Gipfel, den man so unbedingt erreichen will, immer weiter in die Ferne rückt. Um das objektiv festmachen zu können, braucht man eine Uhr. Allein für die Bestätigung: Jetzt bin ich wieder zwei Stunden gegangen und immer noch nicht oben. Reicht die Zeit noch, um runterzukommen oder nicht?

STANDARD: Spürt man in dieser Situation auch Zeitdruck?

MESSNER: Dazu sollte es nie kommen. Ich bemühe mich immer, vor dem geplanten Zeitpunkt oben zu sein. Bei dem Unglück am Nanga Parbat 1970 sind wir viel zu spät zum Gipfel gekommen. (Anm.: Messners jüngerer Bruder Günther starb auf dieser Expedition.) Ab da habe ich mir immer gesagt: Mittags will ich umdrehen, um noch rechtzeitig ins

Zelt in der oberen Sicherheitszone zurückzukommen. Wenn ich auf dem Everest auf 8.800 Metern sitzen bleibe, weil es Nacht geworden ist und kein Mond scheint, dann sehe ich nichts mehr, habe ohne Spur und ohne Seile keinerlei Orientierung. Da wird die Uhr zu einer Lebensversicherung, zu einem Werkzeug.

[...]

[1] Vgl. Chopra, Deepak: „Die sieben geistigen Gesetze des Erfolgs"; 1996, Seite 64
[2] Schäfer, Bodo: Online-Kurs: „Zeit zu gewinnen"
[3] Schäfer, Bodo: Online-Kurs: „Zeit zu gewinnen"
[4] Vgl. Fiore, Neil: „Vorbei mit der Aufschieberei"; 2007; Seite 140
[5] Schäfer, Bodo: Online-Kurs: „Zeit zu gewinnen"
[6] Vgl. Fiore, Neil: „Vorbei mit der Aufschieberei"; 2007; Seite 151
[7] Fiung, Toni; Familienseelsorger der Diözese Bozen-Brixen, Geistlicher Leiter im Bildungszentrum "Haus der Familie"
[8] Vgl. Fiore, Neil: „Vorbei mit der Aufschieberei"; 2007; Seite 118
[9] https://www.derstandard.de/story/2000125955307/reinhold-messner-ich-moechte-nicht-mehr-querdenker-genannt-werden; aufgerufen 04.05.21

X. Pausen

Warum sind Pausen so wichtig? Durch meine Erfahrungen als Fußballtrainer weiß ich, dass nach körperlich intensiven Einheiten unbedingt eine Ruhephase folgen muss, in der auf jeden Fall der stark beanspruchte Bereich regenerieren kann, um dann wieder eine erhöhte Leistung abrufen zu können. Genauso verhält es sich, wenn wir uns bei einer Aufgabe stark konzentrieren mussten. Das muss nicht nur beim Sport sein, sondern auch bei der Arbeit. Nach einer gewissen Zeit benötigt unser Gehirn eine Regenerationszeit, um leistungsfähig zu bleiben. Wer kennt das nicht von seiner Arbeit als Angestellter oder Arbeiter? Ab einem bestimmten Zeitpunkt wird man kontinuierlich langsamer in der Ausführung seiner Tätigkeiten. Im Grunde bezeichne ich dies als „Arbeiten im Standgasmodus". Ich bin überzeugt, dass wir mit den richtigen Ruhephasen wieder zu mehr Energie gelangen können, um dann in erhöhtem Tempo mindestens dasselbe Ergebnis zustande zu bringen als sonst.

> „Das meiste haben wir gewöhnlich in der Zeit getan, in der wir meinen, nichts getan zu haben."
> *Marie von Ebner-Eschenbach*[1]

Interessant ist aber gleichzeitig ein weiterer Effekt bei der Einhaltung von Pausen. Wie jeder geübte Sportler weiß, erfolgt das Wachstum des Muskels oder die Verbesserung der Kondition in der Ruhephase, also in der Pause. Ich spreche hier von den längeren Pausen, die wir unbedingt auch benötigen. Einmal in der Woche sollten wir mindestens 36 Stunden durchgängig eine Pause machen, also in dieser Zeit nicht einmal an unsere Arbeit denken. In dieser Ruhephase kann sich unser Gehirn, im Speziellen das limbische System, vollständig erholen. Natürlich können wir auch geistig herausfordernde Tätigkeiten, wie zum Beispiel ein Buch lesen, oder etwas Malen oder ein schwieriges Menü zubereiten. Wichtig ist nur, dass es nicht im Geringsten etwas mit unserer normalen Arbeit zu tun hat. Also etwas absolut anderes ist und ohne Druck geschieht, einfach aus der Freude an unserem Tun entspringt. Übertragen auf unsere geistige Arbeitsleistung bedeutet das, dass wir in den Pausen gleichzeitig auch wachsen wie unsere Muskeln und uns auf ein höheres Level setzen, als wir vorher waren. Diese Regenerationsprozesse unseres Geistes könnten auch mit den Reparaturprozessen beim aktuell trendigen 16/8 Intervall-Fasten verglichen werden. Für jene, die noch nie davon gehört haben: Sechzehn Stunden fasten und in den verbleibenden acht Stunden die Essenszeiten einbauen! Abgesehen davon, dass die allermeisten von uns diese Methode nutzen, um abzunehmen, geschieht im Hintergrund gleichzeitig ein mindestens genauso wichtiger Prozess. Ab der 12. Stunde beginnt unser Körper nämlich, ein Selbstheilungs- beziehungsweise Reparaturprogramm zu starten.[2]

Es gibt Menschen, die machten immer schon Pausen beim Arbeiten, bevor überhaupt jemand das Wort Zeitmanagement in den Mund nahm. Das sind die Raucher. Die haben schon früh gespürt, ich brauche jetzt eine Pause, um mich wieder besser konzentrieren zu können. Das Problem bei der Raucherpause ist, dass die Menschen sich gleichzeitig auch schaden, während sie sich erholen. Wer einmal geraucht hat wie ich auch, der weiß, dass die Sucht ständig zunimmt und das Verlangen nach Pausen häufiger wird. An und für sich wäre das ja nicht so schlecht. Aber die Gedanken kreisen sich manchmal nur mehr um die bevorstehende Pause und um das Verlangen nach Nikotin, sodass die Konzentration stark beeinträchtigt wird. Ich kann es hier ja sagen: Ein wesentlicher Grund, warum ich das Rauchen nach siebzehn Jahren aufgab, war der, dass mein Verlangen nach Nikotin meinen Tagesablauf derart stark beeinflusste, dass ich mich in meiner Freiheit zu stark eingeschränkt fühlte.

Neil Fiore sagt in seinem Buch „Vorbei mit der Aufschieberei": „Ersetze die Aussage ‚Ich habe keine freie Minute.' mit ‚Ich gönne mir Freizeit.'[3] Einer der Gründe für das Aufschieben von Aufgaben ist die Angst, wir könnten keine Freizeit mehr haben, die Arbeit könnte uns um jedes Vergnügen bringen und uns daran hindern, unser Leben zu genießen. Dieses Problem lässt sich dadurch umgehen, dass Freizeit und Erholung einen festen Platz im wöchentlichen Zeitplan erhalten. Machen Sie Ihr Freizeitvergnügen zu einer der Prioritäten in Ihrem Leben, denn dies ist ein weiterer wichtiger Schritt zur Überwindung der Aufschieberitis."[4]

Als Lehrer habe ich im Sommer eine recht lange Pause, um mich von der Unterrichtstätigkeit zu erholen. Ich denke, diese Pause benötigen Lehrer auch! Klar, ich mache in dieser Zeit auch den einen oder anderen verdienten Urlaub. Aber die restliche Zeit bin ich natürlich nicht untätig oder liege nur auf der faulen Haut. Ich gehe verschiedenen Tätigkeiten nach, die sich aber deutlich von der Unterrichtstätigkeit unterscheiden. Ich mache vor allem Sachen, die körperlich herausfordernd sind. Meine Erkenntnis daraus ist, dass sich körperliche und geistige Arbeit und Anstrengungen immer abwechseln müssen. Dann stellt es für uns Menschen keine zusätzliche Belastung dar. Die vorhandene Energie wird in diesem Fall keineswegs weniger.

Altlandeshauptmann Dr. Luis Durnwalder hatte zu seiner aktiven Zeit einen sehr dicht gedrängten Terminplan. Kaum jemals kam er vor eins ins Bett und um dreiviertel fünf war er wieder auf den Füßen. Das sind nicht einmal vier Stunden. Wie war dieser Rhythmus für ihn möglich? Er verriet mir, dass er durchschnittlich ein Drittel des Tages in seinem Auto unterwegs war und von Termin zu Termin gefahren wurde. Da er oftmals irgendwo einen Vortrag halten musste, bereitete er vorab im Kopf seine Rede vor. Er gestand mir, dass er keine Reden lesen konnte. Vorträge hielt er deshalb immer aus dem Stegreif. Und somit konnte er sie auch nicht schriftlich vorbereiten. Das erledigte er somit während der Fahrt und erst danach konnte er sich eine Ruhepause gönnen. Wenn er nun nichts machen musste, war er schon bei der nächsten Autobahneinfahrt eingeschlafen.

[1] https://www.aphorismen.de/zitat/1520; **aufgerufen 01.11.21**
[2] Vgl. Dr. Bracht, Petra: „Intervallfasten"; 2019
[3] Vgl. Fiore, Neil: „Vorbei mit der Aufschieberei"; 2007; Seite 93
[4] Vgl. Fiore, Neil: „Vorbei mit der Aufschieberei"; 2007; Seite 99

XI. Stärkung des Körpers und des Geistes

> Je mehr Energie wir verbrauchen, desto mehr Energie haben wir zur Verfügung!

Von der Sportwissenschaft wissen wir, dass wir durch häufigeres als auch intensiveres Training zwar während des Trainings eine erhöhte Menge an Energie verbrauchen, aber dafür gleichzeitig unsere Ausdauer und Kraft steigern. Wir können im Grunde in derselben Zeit mehr leisten als ohne Training. Dasselbe gilt natürlich auch für unseren Geist. Je weniger wir geistig gefordert sind, sei es bei der Arbeit als auch in unserer Freizeit, desto weniger sind wir in der Folge zu leisten imstande. Das bezieht sich zum Beispiel auf unsere Problemlösungskraft oder auch auf unsere Kreativität.

Ich denke, dass grundsätzlich beim körperlichen Training Qualität immer vor Quantität geht. In meiner Funktion als Fußballtrainer habe ich immer besonderen Wert darauf gelegt. Konkret heißt das, dass ich bei den Trainingseinheiten lieber zeitlich nicht zu lange trainieren lasse, dafür aber sehr auf die Intensität achte.

Morgenstund hat Gold im Mund

Aufgrund anhaltender körperlicher Beschwerden habe ich mich bereits vor geraumer Zeit dazu entschieden, meinem Körper das zu geben, was ihm guttut. Ich habe mich mit viel Mühe überwunden, tägliche Dehnungs- und Entspannungsübungen durchzuführen. Es hat mich unglaublich viel Kraft und Willen gekostet. Ach, wie habe ich das Dehnen in meinen jungen Jahren gehasst. Schritt für Schritt habe ich es aber geschafft. Irgendwann einmal, als diese Übungen zur Gewohnheit wurden, habe ich instinktiv bestimmte Rituale auf den Morgen verlegt. Ich habe einfach bemerkt, wie viel Energie mir das bringt. Ich fühle mich nun am Morgen meistens, als könnte ich Bäume ausreißen. Ich benötige keine Aufwachphase mehr am Arbeitsplatz, wie Sie bestimmt jemanden kennen.

Galina Schatalova, die berühmte russische Ärztin, die mit ihrem Experiment für Furore sorgte, indem sie 1990 mit den von ihr behandelten Patienten einen 500 Kilometer langen Fußmarsch durch die Wüste unternahm, empfiehlt in ihrem Buch die Abhärtung durch Duschen mit kaltem Wasser.[1] Das ist nicht jedermanns Sache, das ist nachvollziehbar. Mit viel Willenskraft und dem WARUM – Stärken des Wohlbefindens und der Gesundheit – ist es mir tatsächlich gelungen, ein morgendliches Ritual daraus zu machen. Und ich kann es selbst kaum glauben. Wenn ich heute am Morgen unter der Dusche stehe, freue ich mich schon nach dem Waschen mit dem Warmwasser auf die wortwörtlich kalte

Dusche. Und ich spüre förmlich die Energie, die mich überkommt.

Die „hour of power"[2], von der Bodo Schäfer spricht, dass alle erfolgreichen Menschen sie in irgendeiner Form zelebrieren, beinhaltet nicht nur das körperliche Wohl, sondern vor allem die Konzentration auf das Jetzt und den bevorstehenden Tag. Durch Meditation oder Atemübungen schalten Sie den Gedankensturm ab, der Sie am Morgen meist sehr heftig trifft. Es entsteht Stille! Versuchen Sie, in dem Moment für sich allein zu sein. Sie sind dann ganz im Hier und Jetzt. Konzentrieren Sie sich dann auf das, was Sie haben, und nicht auf das, was Ihnen fehlt. Das gelingt Ihnen, indem Sie dankbar für das sind, was Sie haben. Bedanken Sie sich beim Universum und bringen Sie diesen Dank auch bei anderen Gelegenheiten zum Ausdruck. Gleichzeitig steigern Sie damit auch Ihr Selbstvertrauen.

Ein zweiter wichtiger Punkt der morgendlichen Power-Einheit liegt darin, Ihren Tag zu planen. Wie schon unter dem Kapitel Planung beschrieben, ist es wichtig, damit Ihr Tag nicht nur dem Zufall überlassen wird, ihn an jedem Morgen zu planen. Nehmen Sie sich dafür einige Minuten Zeit und legen Sie dabei Ihre wichtigsten Aktivitäten und Termine fest. Wie Sie die Planung im Detail vornehmen sollten, habe ich bereits in dem betreffenden Kapitel beschrieben.

---

[1] Vgl. Schatalova, Galina: „Wir fressen uns zu Tode"; 2002
[2] Schäfer, Bodo: Online-Kurs: „Zeit zu gewinnen"

XII. Entrümpeln

Ich muss die Wahrheit gestehen: Bis ich meine Frau kennengelernt habe, war für mich Ordnung etwas anderes als das, was ich heute darunter verstehe. Als wir in eine gemeinsame Wohnung gezogen sind, musste ich die Begriffe Ordnung und Sauberkeit neu definieren. Ich bin in einer Familie groß geworden, vielleicht kennen Sie das auch, da wurden wirklich alle Dinge des Alltags, also wirklich ALLES aufbewahrt. Das brachte vor allem zwei Probleme mit sich. Zum ersten wurde der Raum knapp, unabhängig von der Größe der Wohnung, und zum Zweiten war es irgendwann nicht mehr möglich, etwas wiederzufinden. Das bedeutete, dass der manchmal durchaus berechtigte Wunsch, etwas für später auf die Seite zu legen, leider das eigentliche Ziel verfehlte. Der zeitliche Aufwand, es zu suchen und dann auch zu finden, war in den allermeisten Fällen so groß, dass es sinnvoller war, es neu anzuschaffen.

> Ohne Entrümpelung ist keine Effizienz möglich!
> *Bodo Schäfer*[1]

Da der Ordnungssinn meiner Frau sehr ausgeprägt ist, musste ich mich gezwungenermaßen neu orientieren. Ich musste lernen, Ordnung zu halten, die ich so nicht kannte. Das Stapeln von Dingen war plötzlich nicht mehr erlaubt. Das brachte mich in die ungewohnte und unangenehme Situation, dass ich mich von Sachen trennen musste. Ich musste mich von Lieblingssachen trennen, ja zumindest ehemaligen Lieblingssachen, zum Beispiel weil ich von der coolen Jeans von vor zehn Jahren herausgewachsen war. Ich musste sie wegschmeißen oder verschenken. Das erste Mal war das für mich der blanke Horror. Die vielen schönen Erinnerungen, die mich mit den Sachen verbanden. Ich glaubte tatsächlich, dass ich die Gefühle, die mich damit verbanden, mitwegschmiss. Aber in Wirklichkeit blieben die Erinnerungen bei mir. Und nach diesem Gewaltakt beschlich mich dann doch ein Gefühl der Freiheit. Wie bei einer Festplatte, die gelöscht und neu formatiert wurde. Wie der Arbeitsspeicher eines Laptops, der plötzlich wieder eine ganz andere Geschwindigkeit erreicht. Ich fühlte mich aufgeräumt und offen für Neues.

Ordnung halten muss gelernt sein. Dieser Spruch hat doch einiges an Wahrheit in sich. Ordnung halten ist ein nie endender Prozess. Immer wieder muss ich mich hinterfragen, was ich nicht mehr benötige. Und um mir das zu erleichtern, habe ich auf Vorschlag meiner Frau folgende Regel aufgestellt. Wenn etwas Neues angeschafft wird, muss gleichzeitig etwas Altes seinen Platz räumen. Und das ist zumindest bei Kleidung und Büchern doch relativ klar eins zu eins umsetzbar. Aber ich gebe zu, das Entsorgen von diesen Sachen dauert bei mir eher länger als das Einkaufen. Als Tipp kann ich bei Kleidungsstücken Folgendes sagen:

> Wenn Sie ein Kleidungsstück ein Jahr lang nicht mehr getragen haben, dann können Sie es ohne Bedenken weggeben! Die Wahrscheinlichkeit ist extrem hoch, dass Sie es auch in Zukunft nicht mehr anziehen!

Wenn Sie an Pareto denken, machen Sie sich Folgendes klar: 80 Prozent der Zeit tragen Sie nur 20 Prozent aller Ihrer Kleider im Kleiderschrank.

Damit Ihnen das Entrümpeln leichter fällt, lassen Sie sich vom Lied von Silbermond „Leichtes Gepäck" inspirieren: Hier ein Auszug:

„Eines Tages fällt dir auf,
Dass du 99 Prozent nicht brauchst.
Du nimmst all den Ballast und schmeißt ihn weg
Denn es reist sich besser mit leichtem Gepäck. [...]"[2]

[1] Schäfer, Bodo: Online-Kurs: „Zeit zu gewinnen"
[2] https://www.youtube.com/watch?v=ohHJjPSsW8c; aufgerufen 01.11.21

XIII. Interview mit Herrn Dr. Robert Zampieri

(Geschäftsführer Bergmilch Südtirol)

geführt am 26.03.2021

ICH: Was sagst du allgemein zum Thema Zeitmanagement?

ZAMPIERI: Allgemein ist schon einmal schön, dass du als Lehrperson dieses Thema auffängst, denn niemand von uns hat sich in unserer Schulzeit und auf der Uni sich beschäftigt, wie du eigentlich mit Stress und Zeiteinteilung zurechtkommst. Wenn du dich nachher nicht privat durch irgendwelche persönlichkeitsbildenden Kurse weiterbildest, dann hast du zu diesem Thema keine Hilfe bekommen. Unsere Eltern sind wahrscheinlich auch nicht unsere besten Beispiele, denn sie hatten nicht so ein Umfeld wie wir, hatten nicht so einen Alltag wie wir, sie hatten auch keinen so umfangreichen Informationsfluss zur Verfügung gehabt wie wir, deshalb haben wir es von unseren Eltern nicht lernen können. Wir hingegen können unseren Kindern viel beibringen, indem wir ein Vorbild sind und über dieses Thema mit ihnen reden und ihnen die Problematiken aufzeigen. Das passt jetzt nicht hierher, aber es ist irgendwie parallel. Zum Beispiel den Mittelweg, den Draht spannen zwischen privat und beruflich oder Familie und Beruf. Viele, die eine steile Karriere gemacht haben, sind nicht mehr bei der gleichen Frau, sondern sie sind schon bei der zweiten oder sind in Trennung oder in Scheidung. Weil irgendwie überall Vollgas geben, motiviert sein, Zeit aufwenden, nicht geht. Es hat uns aber auch keiner gezeigt, gelernt in der Jugendzeit, wie man einen Spagat macht zwischen einer Familie, wie eine Familie gepflegt werden will und die Zeit, die man der Partnerschaft schenkt und gleichzeitig bei der Arbeit nicht große Mängel aufzeigt. Wo dich jeder schief anschaut, wenn du um 17:00 Uhr sagst, so ich gehe jetzt heim zur Familie, wenn du weißt, dass alle um dich herum vielleicht bis 19:00 Uhr hier sitzen. Du hast eher ein schlechtes Gewissen oder vielleicht hat sich da hier auch was geändert in der Generation. Diesen Spagat zwischen privat und beruflich hat man nicht gelernt, aber auch mit der Zeit umgehen, hat man nicht gelernt. Du hast davor das gesagt mit Leidenschaft und Freude, und das ist jetzt schon ein ganz wichtiger Punkt. Ich glaube, wenn du etwas gern tust, dann spürst du einfach keinen Zeitdruck oder du spürst das Problem Zeit nicht so sehr und auch diese Stressfaktoren. „Bist du gestresst", sagt man ja so schön oder „hast du Stress" oder „ich habe Stress". Den Leuten, denen ich begegne, die für mich Vorbilder sind, die haben eigentlich nie Stress, aber wenn ich so nachdenke, die haben auch eine sehr große Freude bei dem, was sie tun. Und wenn du eine Freude hast, was du tust, dann spürst du auch diesen Stressfaktor nicht. Dann höchstens, dann schaffst du es eigentlich nicht, aber das ist nicht so schlimm in deinem Leben. Weil wenn du es nicht schaffst, heute heimzukommen und dein Hochbeet zu bepflanzen, was du dir vorgenommen hast, dann machst du das halt morgen. Aber du hast dafür etwas getan, was dir jetzt eine Freude bereitet. Wenn du jetzt etwas machst, das dir auf die Socken geht, dann ärgert es dich, dass du nicht rechtzeitig zu Hause bist, denn du möchtest ja das Beet bepflanzen. Ich glaube, dass dieses Stressgefühl und die negativen Gefühle nur hochkommen, wenn du etwas tun musst. Wenn du etwas tun darfst, dann spürst du das nicht. Mir persönlich geht es wirklich so, ich komme in der Früh gegen acht Uhr und irgendwann einmal wäre Zeit, heimzugehen, so um halb sieben. Früher bin ich ja gegen neun, halb zehn Uhr – das war normal –, bin ich eigentlich erst da vom Büro hinaus. Ich habe auch mittlerweile nach 23 Berufsjahren eigentlich gemerkt, dass nichts passiert. Es passiert nichts, man muss nicht alles perfekt aufgeräumt haben. Ich zum Beispiel habe immer den „pallino" gehabt, in meinen ersten zehn Jahren hier in der Milkon, am Abend muss die Mailbox leer sein, weiß! Ich habe eine Mordsfreude gehabt, es hat aber dazu geführt, dass dann irgendwann mal um sechs Uhr abends die Sitzungen fertig waren, alle anderen sind langsam heimgegangen und dann hat eigentlich die Zeit angefangen, wo du gearbeitet hast, und dann bist du halt geblieben. Draußen wurde es dunkel um neun, halb zehn, zehn Uhr und dann hast du halt alles fertig gehabt, alle E-Mails beantwortet, alles abgelegt, alles gelöscht. Okay, toll, du kommst nach Hause, bist todmüde, die Frau ist schon beim Schlafengehen, die Kinder siehst du nicht. Und das ist mir über zehn Jahre so gegangen. Heute wie heute, und da würden 20 Minuten nicht reichen, heute wie heute könnte ich viel mehr erzählen, heute weiß ich, dass das alles eigentlich nicht richtig war. Ich hätte wahrscheinlich meinen beruflichen Werdegang hier oder wo auch immer trotzdem gemacht, wenn ich auch viel mehr Zeit fürs Private, für die Familie aufgewandt hätte und nicht so perfektionistisch meine Sachen gemacht hätte. Weil es letztendlich nicht ausschlaggebend war! Da sind wir jetzt beim nächsten Punkt!

ICH: Perfektion!

ZAMPIERI: Die Perfektion ist nicht ausschlaggebend gewesen für die Ziele, die du erreichen willst. Ordnung, Sauberkeit, Disziplin sehr wohl, aber die Perfektion als solches, die Zeit kostet, ist zwar eine persönliche Genugtuung, ist aber nicht so, dass sie über dein Leben entscheidet. Die Richtung von deinem Leben entscheidet!

ICH: Würdest du sagen, bist du bisher ein perfektionistisch orientierter Mensch gewesen, und hast das erst lernen müssen?

ZAMPIERI: Ja, ich bin in dieser Hinsicht insofern schlampiger geworden, dass ich jetzt seit fünf Jahren ca. einen Haufen E-Mails in meiner Mailbox habe, die ich irgendwann mal lösche und/oder beantworte oder ablege oder ausdrucke. Aber es macht mich nicht nervös. Ich gehe jetzt heim und ich weiß, dass das Dringende erledigt ist, die großen offenen Fragen sind irgendwie beantwortet und das andere ist so Firlefanz und Nebenschauplätze. Ich habe zum Beispiel, ich lege auch großen Wert darauf, ich werfe da ja allen ein bisschen immer wieder vor, meinen engsten Mitarbeitern, der Schreibtisch muss nicht voller Zettel sein! Wenn du manche Beamte oder bei anderen oft ins Büro gehst, da sind ja Zettel überall. Sicherlich kennst sich dieser

Mensch aus und es ist nicht gesagt, dass dieser Mensch eine Unordnung hat, aber im Unterbewusstsein zeigt er ganz viele offene Baustellen. Das ist, wie wenn du ständig am PC alle Windows-Fenster offen hast. Du kannst dich schon auskennen und weißt, welches Fenster was ist, aber du siehst diesen Haufen an Windows-Fenstern und sagst, die stören mich nicht, aber ich bin mir sicher, im Unterbewusstsein stört dich das. Also ich versuche wirklich, drei Zettel zu haben, wo da irgendetwas „sospeso" ist, wie man so schön sagt, aber mehr will ich nicht haben. Ich habe da meine Mailbox, alles andere ist abgelegt! Es gibt mir das Gefühl, ich habe alles unter Kontrolle, ich habe meines getan. Da gehe ich auch leichter hinaus bei der Tür am Abend.

Aber noch einmal zurück, die Freude und die Leidenschaft, es ist einfach wunderschön, Aufgaben zu bewältigen, und dann die Kombination zu schaffen, dass du in der Freizeit und da meine ich jetzt nicht unbedingt den Sport, weil manche müssen, werden nervös, wenn sie nicht laufen am Abend oder wenn sie nicht zum Training kommen usw., sondern auch das pflegen, was eine Familie ist, wenn einer Familie hat. Weil es einfach ganz ein gesunder Ausgleich ist. Wie zum Beispiel der Lockdown, der jetzt dieses Jahr, mit diesen ganzen negativen Themen, die der Lockdown mitgebracht hat, ich war noch nie so viel zu Hause, ich habe noch nie so viele Abendessen mit meinen Kindern erlebt, noch nie so viele Diskussionen, noch nie so viele Wochenenden, weil man ja natürlich früher halt wandern gegangen ist, in der Früh ist man halt gegangen. Und so ist man jetzt halt zu Hause, das ist ein schöner Aspekt, die Zeit, die man aufwendet. Ich bin noch nie so viel in der Mensa gewesen, ich bin jeden Tag in der Mensa. Früher hast du Geschäftsessen gehabt oder bist in einem Restaurant gewesen. Und dann kommen andere menschliche Beziehungen zum Vorschein, die einfach guttun. Aber wie gesagt: Freude und Leidenschaft, da spürst du die Last nicht und die Kombination mit deinem Privatleben als Ausgleich.

Als junger Mensch kann man beobachten, bin ich sehr zuversichtlich, weil die kommende Generation anders gepolt ist. Sie hat das schon ein bisschen heraus, dass es einen gesunden Mix braucht, eine Gratwanderung, dass man gewisse Sachen nicht vernachlässigen kann, dass der Sport, die Freizeit, die Familie einen Stellenwert hat, der auf der gleichen Ebene sein muss wie der Beruf. Es darf nicht Oberhand bekommen. Es passiert nichts! Denn es macht dir keiner einen Vorwurf! Vielleicht ist noch irgendjemand, eine alte Generation von Führungskräften hier, die dich schief anschaut und sagt: ja, ja. Wie man so schön sagt: „Hax reißt er sich auch keinen aus."

ICH: Woher bekommt die junge Generation das mit? Vom Elternhaus oder ... in ihrer Schulkarriere?

ZAMPIERI: Ich glaube schon, dass meine Generation oder unsere Generation (ich bin ein paar Jahre jünger) jetzt hier in der Sandwichlage war, während sie schon, die Generation, die jetzt kommt, die Jungen, die Bachelors, die 25-Jährigen bis 30-Jährigen, schon von uns 50-Jährigen schon etwas gesehen haben, schon etwas, ein Vorbild, ein bisschen etwas beobachtet haben. Zudem hat man viele Bücher geschrieben, Literatur, man liest viel, es wird viel debattiert über dieses Thema.

Zu meinen Vaters Zeiten sind diese Themen nicht debattiert worden, das waren sozial, da war keine Diskussion über das. Jetzt sind diese Themen Dialog, die sind auf Plattformen, die liegen auf, die Jungen wachsen schon mit dem auf.

ICH: Würdest du sagen, wenn du heute die Zeit noch einmal zurückdrehen könntest, würdest du das Private mehr integrieren in deinen Zeitablauf?

ZAMPIERI: Ja! Ich bin kein großer Sportler, deshalb, sportlich ist mir jetzt nichts abgegangen. Ich wandere gern am Wochenende, aber was ich effektiv über zehn Jahre vernachlässigt habe: Ich habe meine Kinder nicht aufwachsen sehen. Ich habe zu meinen Kindern erst dann einen Bezug bekommen, als sie angefangen haben, ordentlich zu reden und eine Diskussion zu führen. Bis sie die Diskussion nicht geführt haben, waren sie für mich in diesem Moment uninteressant. Und das bitte jetzt nicht falsch verstehen. Nicht meine Kinder waren uninteressant, sondern ich habe einfach nicht den Freiraum gegeben, in meiner Freizeit mich mit meinen Kindern zu beschäftigen. Ich hätte mir den Raum nur nehmen sollen, ich hätte ihn halt von woanders geholt. Aber erst dann, wenn sie mit mir einen Dialog aufgestellt haben, dann habe ich angefangen, mich mit ihnen zu beschäftigen. Aber es war schon spät! Denn so was beginnt mit dreizehn, vierzehn Jahren. Das heißt aber, gute zehn Jahre habe ich sie gesehen, eigentlich am Wochenende, aber als ich gegangen bin, haben sie alle geschlafen, als ich nach Hause gekommen bin, haben sie alle geschlafen. Das würde ich keinem empfehlen. Das macht aber heute auch niemand mehr, da bin ich sicher. Ich bin sicher, mit ganzen wenig Ausnahmen, macht das auch keiner und das ist auch richtig so. Ich freue mich richtig, wenn jemand das versteht, denn es muss nicht sein! Deine Karriere wird nicht negativ beeinflusst deshalb. So gesehen hat sich viel geändert. Und jetzt mache ich noch ein Beispiel. Vielleicht wirst du sagen, wo ist denn hier der Zusammenhang? Statussymbole, die in unserer Generation noch einen Wert gehabt haben, haben jetzt keinen mehr oder einen anderen. Und als wir kleine Kinder waren und da ist einer mit einem Porsche vorbeigefahren, dann haben wir uns garantiert alle umgedreht. Heute dreht sich kein einziges Kind um, wenn einer mit einem Porsche vorbeifährt. Das heißt, diese materiellen Statussymbole und da kann man jetzt vom Sportwagen über einen Wohlstand, über Auftreten, über Karriere und Positionen kann man einen Bogen ziehen, das sind Statussymbole, die vielleicht Gott sei Dank den Wert verloren haben, und andere Sachen sind viel wichtiger. Zum Beispiel, du machst etwas Geiles, du machst etwas Bäriges, du hast eine tolle Freizeit, tolle Projekte! Das ist weitaus mehr wert, auch wenn es nicht um Geld geht, auch wenn es nicht nach außen hin um Prestige geht. Aber du machst etwas Tolles! Der eine klettert über eine Wand und der andere kann bärig Wasserskifahren! Das beeindruckt vielleicht die Jungen und das finden die einfach bärig, wenn du so tolle Sachen machst.

Aber da geht es nicht um Geld, um Symbolik, um Karriere und Positionen. Das ist auch interessant: Du schindest Eindruck mit total anderen Sachen! Zu unserer Zeit haben andere Menschen Eindruck geschunden, wo wir gesagt haben: Wow! Und heute lachen sie dich auch noch aus, das ist fast schon lächerlich, wo wir noch große Augen gemacht haben!

ICH: Sehr interessanter Aspekt! An das habe ich jetzt gar nicht so gedacht!

ZAMPIERI: Man darf nicht immer die Jugend: „Ja, die jungen Leute heute und das und jenes und passen nicht auf und haben keine Werte." Ja vielleicht, da breche ich eine Lanze, vielleicht haben sie die weitaus besseren Werte, als wir sie gehabt haben. Denn wir sind die Kinder der Nachkriegsgeneration, das heißt, die Kinder der Generation nach dem Krieg. Und nach dem Krieg war halt irgendwo, wenn Hungernot und Armut war und nichts da war, war der ganze Fokus dieser Generation auf Wohlstand ausgerichtet. Unserer Kinder wachsen ja auf mit einem gewissen Wohlstand, der ist schon da, den müssen sie nicht erwirtschaften. Jetzt kann man böserweise sagen, die bauen ab, die geben alles aus, die machen alles kaputt. Aber man könnte das auch anders sehen: Die interessieren sich einfach für andere Themen. Und die sind nun mal nicht immer in Zusammenhang mit Karriere, Geld und Wohlstand.

ICH: Zum Beispiel Sachen, wie eingangs von dir gesagt, die sie gern machen, die ihnen gefallen, die sie interessiert.

ZAMPIERI: Man sagt natürlich, dass die dann auf Kosten ihrer Eltern leben, die gespart haben. Aber ich kenne ganz viele Familien, ich bin in Gries (Stadtteil von Bozen) da aufgewachsen, Familien, wo Eltern das ganze Leben geackert haben, damit sie eine Wohnung kaufen, eine zweite oder eine oder zwei Wohnungen, die sie danach dann, weil früher hat man nun mal eine Wohnung gekauft, da hat man nicht unbedingt Aktienpakete gekauft. Also eine Wohnung gekauft, materiell vier Wände, und hat diese dann den Kindern vererbt. Putega, die haben gebuckelt, gebuckelt, sind in Pension gegangen, dann irgendwann mal erkrankt, und dann sind sie gestorben mit Mitte Ende siebzig Jahren, haben aber fleißig gearbeitet, haben immer gespart. Sind vielleicht einmal im Sommer nach Caorle gefahren und haben dir diese Wohnung hinterlassen. Und heute sagen wir, mit einem Gehalt, ich hatte ja auch einen Vater, der hatte mit einem Gehalt als Bankangestellter die ganze Familie ernährt und auch eine Wohnung gekauft, uns hatte es ja an nichts gefehlt. Das würde heute ja nicht mehr funktionieren. Du kannst mit einem Gehalt das nicht mehr machen. Aber die Frage auch: Musst du leben, buckeln, sparen, damit du deinen Kindern, irgendwann einmal eine Wohnung vererben kannst? Damit sie irgendwann einmal, wenn sie dreißig sind: „Bärig, Papi hat mir eine Wohnung geschenkt, ich brauche jetzt auf keine Wohnung sparen, denn er hat da gekauft" und du bekommst dann einen Tumor und vielleicht noch einen Pankreas und nach sechs Monaten bist du nicht mehr hier. Dann fragst du dich schon, was, weil im Wertesystem von unseren Eltern waren das alles fleißige Leute.

Die waren fleißig, die waren sparsam. Ja, die haben ihr Leben für das hingegeben. Und wenn ich jetzt mal sage: Okay, für das wirst du nicht in einer anderen Welt belohnt. Und deine Kinder, die nicht mit ihrem eigenen Schweiß und nicht eigener Mühe etwas aufgebaut haben, werden es auch nicht so schätzen. Es ist besser, du gibst ihnen nur eine Hilfe, eine Starthilfe, und danach sollen sie selbst machen. Weil sobald sie einmal fünfzehn, zwanzig Jahre ein Darlehen bezahlen für eine Wohnung mit ihrem Gehalt, dann wissen sie auch den Wert ihrer Wohnung, sonst spüren sie den Wert ja auch nicht. Aber das ist ein anderes Thema. Die Jungen dürfen sich um Dinge kümmern, die ihnen Spaß und Freude bereiten, die eine Generation von unseren Eltern, nicht gemacht haben.

ICH: Dann würde ich da jetzt einhaken. Du hast erwähnt, okay, Karriere und danach kommt ganz oft Krankheit, und dann fragt man sich, was hat man vom Leben gehabt. Gilt es deiner Ansicht nach während der beruflichen Laufbahn auch zu schauen, seine Gesundheit zu erhalten? Spielt das eine Rolle oder ist das nicht möglich, wenn man eine steilere Karriere anstrebt?

ZAMPIERI: Ich war in Fitnessstudios, ich war beim Ernährungsberater, ich habe Bodychecks gemacht und ich habe den Darm kontrollieren lassen. Ich habe alles gemacht. Weil natürlich denkst du dir, ich arbeite, und dann schmerzt es da und dort, irgendwo ist etwas. Ich habe so ein zyklisches ... zyklisch fehlt mir etwas. Zum Beispiel im November habe ich mich für fast einen Monat gekrümmt fortbewegt, gehumpelt durch den Ischias-Nerv oder du hast irgendwann einmal einen komischen Hautausschlag, der nicht weggeht, der aber dann nach sieben acht Monaten verschwindet, weiß man nicht. Ich bin bandscheibenoperiert worden 2009, du kannst dich vielleicht noch erinnern, das Jahr davor, bevor du gegangen bist.

ICH: Sind das Sachen, die eigentlich auf Kosten der Karriere gegangen sind oder ist es auch möglich, ohne gesundheitlichen Folgen Karriere zu machen?

ZAMPIERI: Ja, ich glaube, dass der Körper letztendlich, mir ist es zwar immer gut gegangen, weil ich einen Spaß und Freude gehabt habe, bei allem, was ich mache. Ich habe wirklich ganz wenige Momente, wo es richtig anstrengend war. Es hat sie gegeben, wo ich mir sagte: „ma che palle" und „geht mir alles auf die Socken", aber im Unterbewusstsein glaube ich, bin ich überzeugt, der Körper merkt sich das. Und auch wenn der Kopf sagt: „ma geil, geil", das ist wieder eine tolle Geschichte, was du machst, es ist immer ein Raubbau am Körper. Denn wir sitzen die ganze Zeit über, wir rennen irgendwo hin, wir essen zu schnell, wir verdauen nicht richtig, oder wir haben vielleicht noch zu spät am Abend ein Geschäftsessen, wo du eigentlich eben auch nicht verdaust, nicht gut schläfst, wenig Schlaf, du musst früh aufstehen. Man fühlt sich zwar an sich nicht schlecht, aber es ist alles memorisiert, und dann glaube ich, hat der Körper schon immer wieder … sucht er Ausflüchte oder eine Warnung, weil es ihm nicht so passt. Auch ich glaube, dass die nächste Generation, ich sehe das bei meinen Kindern, auch völlig einen anderen Umgang haben. Meine Tochter hat eine super Figur, sie ist achtzehn, mager, aber sie isst mit Herzenslust alles, geht aber auch mal joggen mit achtzehn Jahren. Wäre uns ja nie eingefallen in unserer Generation, wir waren Turnen an unserer Schule, aber so joggen, der Etsch entlang Richtung Süden, mit achtzehn Jahren, wo du kein Problem hast, weder mit dem Gewicht noch mit der Gelenkigkeit, nichts. Aber einfach aus der Freude heraus, etwas zu tun, das hat es nicht gegeben. Ich beobachte das, ich sage bärig, ohne Druck und ohne Zwang, es gibt keinen Grund. Mein Thomas mit einundzwanzig hat die Motivation, eine halbe Stunde mit Eigengewicht zu trainieren. Er hat sich auf Amazon so Ringe besorgt. Die hängt er einfach auf und zieht sich einfach mal ein bisschen hoch, auch im Garten, ist ganz egal. Eigentlich auch ohne jeglichen Grund, er hat einen guten Körperbau, nur weil er einfach sagt, das passt ihm. Das wäre mir nie eingefallen.

ICH: Mir auch nicht (lacht).

ZAMPIERI: Und ich glaube, die fangen schon an, als junge Menschen, das mit einzubauen. Dass sie, auch die Ernährung, wir diskutieren über Ernährung. Ja ich habe nie mit meinen Eltern über Ernährung diskutiert, nie. Wir haben zum Beispiel einen extrem niedrigen Zuckerkonsum im Haus, es gibt keine Zuckerdose, es gibt nichts, aber es ist null Bedarf. Vielleicht ab und zu einmal ein Stückchen Schokolade, und das eine dunkle und sonst gibt es keinen Zucker. Ja wir sind noch aufgewachsen mit drei Löffel Zucker im Milchkaffee am Morgen. Denn für die Generation nach dem Krieg war der Zucker sehr wichtig. Jetzt kann man reden über zuckerfrei und es ist völlig normal. Die schauen sich das an, aber nicht, weil sie fanatisch sind oder weil sie abnehmen müssen, sondern weil sie von Haus aus verstehen mit achtzehn Jahren, dass wir viel zu viel Zucker aufnehmen. Es ist ganz interessant. Also ich glaube, dass diese Generation mit einem gesunden Lebensstil startet. Ich muss jetzt aber noch eine Lanze brechen und noch etwas hinzufügen, dass, wenn ich das beobachte, es hat mit der Bildung zu tun mit der Herkunftsfamilie. Natürlich, wenn du schaust, die übergewichtigen Kinder sind selten von Familien von einem hohen Bildungsstand, selten, sondern geht schon relativ, das kann man beobachten. Ich will jetzt auch nicht sagen, Gerold, dass das ein Gesetz ist, eine Regel ist, aber in der Regel je ungebildeter die Leute, umso mehr Müll essen sie, umso übergewichtiger sind sie, umso weniger setzen sie sich mit der Sache auseinander. Also ganz wichtig in der Familie: einen tollen Dialog führen auf hohem Niveau! Das kann jeder machen. Ich glaube, da muss nicht einer, weiß Gott was studiert haben. Einfach sich auch über diese Sachen unterhalten und mit den jungen Leuten darüber sprechen. Und wenn der gesunde Lebensstil da ist, dann glaube ich, jetzt mache ich wieder einen Bogen zu deinem Thema, dann glaube ich, dass diese Generation ganz anders in die Arbeitswelt hineingeht, und dieses, sagen wir fast schon kompromisslose Dahinbuckeln, um irgendwo allem gerecht zu werden am Arbeitsplatz, die werden das nie tun. Und deshalb bin ich sehr, sehr optimistisch und schimpfe nicht auf die Jugend, sondern staune, denn sie können nur lernen von unseren Fehlern. Und wir haben so viele gemacht. Und um uns zu entschuldigen, unsere Eltern haben uns hier nicht viel beigebracht. Aber vielleicht weil sie es auch nicht konnten, weil sie aus einem völlig anderen Kontext kamen. Sie sind einfach gestartet, meine Eltern sind 1946 geboren, da war der Krieg gerade mal fertig. Die hatten traumatisierte Eltern, da hatte man nichts weitergeben können. Übrigens, das ist auch ein anderes Thema: Beziehungen pflegen, halten, gemeinsam alt werden, ohne dass Beziehungen auseinandergehen. Das ist jetzt wieder ein anderes Thema, aber auch hier wiederum haben wir eine Generation vor uns gehabt, wo eigentlich der Mann arbeiten ging und die Mama hat mehr oder weniger die „Pappm kep" und ist zu Hause geblieben. Die haben es auch leicht gehabt, das war nun mal so. Und dann ist unsere Generation, die schon begann mit sehr selbstbewussten Frauen. Unsere Generation Männer und mit sehr selbstbewussten Frauen mussten wir einen Dialog auf Augenhöhe führen, den wir nicht gelernt haben, denn bei unseren Eltern ging das anders. Und dann, was das Nächste ist, dass unsere Kinder jetzt sehen, dass eine Beziehung halten, pflegen und gemeinsam alt werden Investition braucht, Verständnis und Kompromisse, und dass man sich da bemühen muss.

Mein Vater hat sich nie bemühen müssen. Er ist nach Hause gekommen von der Bank und hat den Anzug hingeschmissen und ging zum Essen. Aber ich im Vergleich habe den Anzug weggelegt, gebügelt und aufgehängt. Wenn ich meinen Anzug heute zu Hause liegen lassen würde, dann würde der immer dort liegenbleiben. Den räumt niemand weg. Und wir lernen nun mal von unseren Eltern, weil sie mal nun die ersten Vorbilder sind. Und wir können noch so viel weitergeben mit Hausverstand, wo wir Fehler gemacht haben, und da bin ich sehr zuversichtlich. Und wenn du zum Zeitmanagement kommst, was ja dein Thema ist, dann glaube ich, dass die nächste Generation, also wenn du sagst das Burn-out, das ist ja die moderne Krankheit. Ich bin der Meinung, das ist die Krankheit von unserer Generation, das ist nicht die Krankheit der nächsten Generation. Die nächste Generation ist nicht so dumm.

ICH: Absolut, da bin ich voll deiner Meinung. Und ich höre da jetzt auch heraus, du hast meine Frage jetzt mehr oder weniger mit Ja beantwortet, wenn ich sage, okay, man kann eigentlich schon auch auf Gesundheit schauen und gleichzeitig eine steile Karriere machen ohne Raubbau an seiner Gesundheit beziehungsweise an seinen Ressourcen zu betreiben. […]

ZAMPIERI: Klima und Umwelt ist ja auch ein Thema. Diese Generation diskutiert ja auch über die Verpackungen. Uns war das ja völlig egal, ob das in einem Plastikbecher ist. Die sind sehr aufmerksam, sind auf einmal sehr sensibel, weil sie es in der Schule gelernt haben, weil sie es in den Medien gelesen haben. Es ändert sich das Konsumverhalten, da kommt eine andere Kraft daher. Aber auch das hat schon im Wesentlichen mit dem Bildungsstand zu tun. Aber das Thema ist da, das Thema hatten wir gar nicht. Sicher, die Umweltthemen waren bei uns jetzt nicht so relevant, obwohl, wenn ich jetzt so nachdenke, ich bin ja aufgewachsen in den Obstwiesen. Mein Großvater ist noch mit der Gasmasken spritzen gegangen. Mein Vater dann nicht mehr. Und jetzt haben wir noch nie so viele Vögel gehabt, noch nie so viele Tiere und Hasen. Früher war alles totgespritzt. Aber was ist jetzt? Die aggressivste Anti-Pestiziddebatte haben wir jetzt, wo du sagen musst, ja Freunde, wir haben noch nie so einen guten Boden gehabt und so eine Artenvielfalt wie jetzt, und jetzt werden wir noch narrisch, weil wir nicht mehr wissen, wie tief die Restwerte sind im Boden. Da denkst du dir, die Sensibilität für diese Themen ist so eklatant anders geworden, dass das, was wir, wir haben ja ganz andere Probleme vor uns, wo wir blind waren, und sie werden schon bei so kleinen Themen hellhörig. Ich glaube, dass sich das alles auch auf die Arbeitswelt sehr positiv auswirkt.

ICH: Super. Ich hätte noch zwei, drei gezielte Fragen. Ich wollte noch mal darauf zurückkommen. Warum habe ich dich als Interviewpartner gewählt? Erstens: Ich kann mich erinnern, dass du immer schon als Führungskraft viel Verantwortung weitergegeben hast. Ich glaube, das hat auch viel mit Zeitmanagement zu tun. Das Schlagwort hierfür wäre Delegierung. Es ist ein Instrument, um sich mehr Zeit für sich selbst zu schaffen. Das habe ich bei dir schon vor zwanzig Jahren gesehen. So gesehen warst du schon damals sehr modern unterwegs. Generell hast du über das Thema Zeit, so wie ich dich jetzt hier auch gefragt habe, vorher in deinem Leben schon mal bewusst darüber nachgedacht? Es ist schon ein bisschen herausgekommen, klar, du hast reflektiert über Lebenszeit, tägliche Arbeitszeit zum Beispiel im Zuge des Lockdowns.

ZAMPIERI: Anfangen zu reflektieren macht man immer dann, wenn es scheppert, wenn irgendwo ein Problem entsteht. Weil sonst kannst du nicht reflektieren, solange alles gutgeht, alles aufgeht. Ich habe natürlich auch Probleme gehabt mit der Familie, mit der Frau, mit einfach vielen Sachen, die mir sozusagen letztendlich richtigerweise vorgeworfen wurden. Und dann auch gesundheitliche Probleme. Das hat dann ausgelöst, dass man reflektiert. Ich habe dann natürlich nicht alles geändert, wie ich es gern hätte, weil alte Gewohnheiten bekommst du nicht so einfach weg. Aber wenn du es ernst meinst, beginnst du zu reflektieren. Weil wenn ich es nicht gemacht hätte, dann hätte ich wahrscheinlich noch mehr gesundheitliche Probleme gehabt, ich hätte diese Familie nicht mehr und ich hätte meine Frau nicht mehr. Also das Nachdenken beginnt, wenn es wehtut. Denn vorher, diese Weitsicht, leider Gottes, habe ich nicht gehabt, im Vorfeld schon nachzudenken.

ICH: Also meistens ist die Aussicht auf Freude eher eine zu schwache Kraft, aber wenn es wehtut, der Schmerz, ist oft letztendlich Auslöser einer Veränderung.

Du hast ganz am Anfang von Stress gesprochen bei der Arbeit zum Beispiel Mails checken usw. Wie gehst du heute mit Stress um? Du kannst ja heute nach einem Arbeitstag auch aus dem Unternehmen gehen, ohne dem Gefühl, nicht alles erledigt zu haben, oder? Was hast du gemacht?

ZAMPIERI: Früher habe ich auch viel mit nach Hause genommen bis Freitag am Abend, zum Beispiel

Fachzeitschriften. Samstag und Sonntag auch E-Mails beantwortet, geschrieben, korrigiert. Jetzt habe ich ganz eine gesunde Faulheit. Die Fachzeitschriften lasse ich durchblättern und mir nur zeigen, wenn es um das Thema Milch geht. Die restlichen Texte und Bildchen interessieren mich nicht mehr, obwohl ich ein neugieriger Mensch bin.

ICH: Also delegieren?

ZAMPIERI: Ich nehme jetzt nichts mehr nach Hause, außer Zeitschriften, die angenehm zu lesen sind, wo ich wirklich Interesse habe. Und weil du sagst delegieren, nicht falsch verstehen, das Wort sagt es nicht aus, weil es kein besseres Wort im Deutschen gibt, das ist eine gesunde Faulheit. Lass es diejenigen machen, die sich auskennen und die eine Freude haben bei dem. Denn wenn du es tust, denn du willst alles kontrollieren, du willst überall deine Nase hineinstecken! Und du tust es auch nicht einmal gern, sondern du zwingst dich, dann bist du sicherlich nicht modern, du motivierst auch deine Mitarbeiter nicht und du tust dir selbst nur einen „Tuck" an, weil du einfach viel arbeiten musst! Vielleicht trifft dich unerwartet eine schlimme Krankheit und du musst vorzeitig den Hut nehmen. Dann ist die viele Arbeit zu Lasten deiner Zeit, deiner Freizeit und deiner Gesundheit gegangen. Und wen würde es interessieren? Deshalb, diese gesunde Faulheit, damit du Freiräume hast, dich wohlfühlst, und der andere ist motiviert, weil er es tun darf. Also besser kannst du es nicht machen! Aber wie gesagt, Faulheit ist das falsche Wort, denn Faulheit ist immer negativ besetzt.

ICH: Du hast ja schon früher immer den Ausspruch getätigt, eine gute Führungskraft muss immer ersetzbar sein! Also man sollte nicht merken, wenn sie einmal eine Woche nicht anwesend ist. Das ist im Grunde das, was du da meinst. Und es gibt aber auch das Gegenteil, diejenigen, die die Arbeit an sich reißen.

ZAMPIERI: Und noch was: Es gibt ganz viele Beispiele von alten Geschäftsführern, kenne ich alle, die sind jetzt alle in Pension gegangen, die nie so gute Leute eingestellt haben, die ihnen das Wasser abgegraben haben. Sondern immer Leute, die ihnen bis zur Kniescheibe kamen, und sie waren immer der Leuchtturm, immer! In der Brimi war es ähnlich. Was passiert dann? Das ganze Unternehmen ist genauso gut wie das Oberhaupt. Du kommst nie weiter, denn ich habe ja auch meine Grenzen. Ich verstehe auch nur bis zu einem gewissen Punkt. Aber wenn alle anderen noch weniger verstehen, ja dann bin ich eigentlich der Parameter für alles. Aber ich habe nichts Gutes für das Unternehmen getan. Denn das Unternehmen entwickelt sich nicht gut weiter, denn es könnte sich viel mehr weiterentwickeln, wenn überall Leute sind, die mich auch fordern. Klar ist es streng, wenn alle Leute um mich herum gut und besser sind, weil ich auch nachlaufen muss, damit ich nicht zurückbleibe. Aber dann bin ich nun mal in Bewegung. Aber wenn alle nur zu mir kommen und ich gebe den letzten Sanktus, dann sitze ich zwar auf dem Thron, aber es ist keine Dynamik drinnen. Also immer, in jedem Bereich, nie Angst haben vor jemandem, der an meinem Stuhl sägt!

Denn diese Führungsriege hat immer gemeint, wenn ich einen Guten in meiner Mannschaft habe, dann irgendwann merken die Vorstände, der Obmann, Geschäftsführer oder Eigentümer: „Ah, der ist der Bessere! Und du bist der Schlechtere! Weg mit dir! Nein, wenn der unter dir ist und gut ist, dann kommt immer alles auf dich zu. Du bist immer der, der die Lorbeeren bekommt, obwohl ein anderer gut ist. Da ist keine Gefahr. Wenn ein guter Mensch unter dir ist, da geht keine Gefahr aus. Wenn du es verstehst, ihn zu motivieren. Ich könnte da hundert Beispiele erwähnen, wo das ist. Aber alles eine Generation, die jetzt abtritt.

ICH: Und da kann man jetzt sagen, indirekt, um mehr Zeit zu haben, sollte man Mitarbeiter verstärkt fördern. Darf ich dich noch etwas weiteres fragen? Hast du besondere Rituale, die du täglich machst, damit du eben auch zu Energie kommst oder wo du sagst: Das tut mir einfach gut. Zum Beispiel am Morgen oder am Abend?

ZAMPIERI: Andere stehen am Morgen auf und laufen, gehen aufs Fahrrad oder machen dieses und jenes. Ich stehe jeden Tag auf um fünf Uhr morgens und lese bis halb sieben sämtliche Zeitungen, weil ich dann den restlichen Tag so wenig wie möglich lesen möchte. Ich will reden mit den Leuten! Also das erledige ich alles am Morgen. Der eine geht halt am Morgen ins Fitnessstudio oder macht andere Sachen. Also ich erledige alles, was meine Informationsholung ist, am Morgen. Übrigens: Bei Facebook bin ich vor vier, fünf Jahren ausgetreten. Ich habe nur mehr Instagram und das eher nur privat für mich zu schauen. Was soziale

Medien betrifft, ich bin selbst der, der die Politiker immer fragt, im Rahmen des Führungskreises, wir laden ja immer einen Ehrengast ein: Muss man bei Facebook sein und bei Instagram, um in die Politik zu gehen? Ist das notwendig, muss das, weil wenn ich nicht bin, dann muss ich mich auch nicht ständig auseinandersetzen mit dem Ping Pong.

Also, das ist ein Ritual und was ich ganz gern mache und das ist jetzt auch wieder ein entscheidender Punkt: Ich faulenze, wenn es niemand merkt. Und ich habe auch früher beobachtet, als ich bei der V.I.P. gearbeitet habe, dass der Verkaufsleiter früh morgens nach Mailand gefahren ist und dann wieder am selben Tag herauf, obwohl er übernachten hätte können. Ich habe dieses Gehetze als verstörend empfunden, weil es nichts gebracht hat und obendrein auch noch gefährlich sein kann durch die übermüdete Fahrt. Also, wenn ich heute nach Mailand fahre oder zur Stella Bianca (südlich von Mailand), und ich sehe, dass ich zeitlich nicht knapp dran bin, weil ich nicht wieder heraufkommen muss, dann fahre ich aus in Peschiera und fahre zum See, trinke einen Kaffee, setze mich auf eine Bank beim See, schaue meine E-Mails an und dann steige ich nach einer Stunde wieder ins Auto und fahre nach Hause. Oder ich gehe auf dem Domplatz in Mailand spazieren oder wenn ich in München lande auf dem Flughafen, dann fahre ich nicht nach Hause! Dann fahre ich in die Stadt hinein, vorausgesetzt natürlich, wenn es sich zeitlich ausgeht, mache eine kleine Runde, trinke ein Bierchen, gehe in ein Kaufhaus und fahre anschließend nach Hause. Dasselbe, wenn ich in Mantua oder wenn ich unterwegs bin. Damit schaffe ich für mich etwas, den grauen Alltag zu unterbrechen für einen

Augenblick. Ich antworte schon trotzdem, ich telefoniere, ich lese E-Mails, ich sitze in der Bar und die Arbeit leidet nie, aber ich mache mal was anderes. So, oder ich fahre einmal im Monat gern nach Rom, da verliere ich eineinhalb Tage, obwohl ich im Zug sehr viel arbeite und unten während der Sitzungen auf fast alles antworte. Ich arbeite eigentlich fast mehr, aber dafür spaziere ich auch zwei Stunden zum Trevi-Brunnen hin und zurück und dann steige ich um Viertel vor fünf in die „Freccia d'argento" und um Viertel nach neun bin ich zu Hause. Das ist das gesunde Faulenzen, wo es keiner merkt, denn keiner sieht mich spazieren gehen und es geht alles weiter. Es bleibt nichts liegen. Aber ich habe zwischendrin ein Zeitfenster einfach nur für mich und keiner hat mich gesehen.

ICH: Super! Der Durchschnittsmensch schläft ja, nehmen wir mal an, um die acht Stunden. Würdest du sagen, du schläfst weniger?

ZAMPIERI: Ich schaffe sechseinhalb, ich wache von allein auf. Das, ich weiß auch nicht, ob das gesund ist. Man sagt, jeder hat einen unterschiedlichen Bedarf. Ich brauche schon mindestens sechs bis sechseinhalb Stunden, denn sonst spüre ich das.

ICH: Aber dann bist du wach. Also mehr brauchst du auch nicht, wenn du auch könntest?

ZAMPIERI: Ja, vielleicht das Wochenende, aber wenn ich wach bin, dann liege ich nicht im Bett, dann lese ich oder mache sonst was. Vielleicht muss ich noch was sagen, abschließend, ich bin abends immer eingeschlafen, bei einem Konzert, im Kino, bei einem Abendessen, bei einer Einladung, immer eingenickt, immer. Bis zum Jahre 2018 habe ich diese Tendenz gehabt, also zu wenig Schlaf. 2018 habe ich auf der Mühlbacher Geraden einen schweren Unfall gehabt. Ich bin während dem Fahren eingeschlafen. Es war ca. elf Uhr vormittags an einem Sonntag. Ich war Gott sei Dank in einer Kolonne, bin eingenickt, mein Sohn saß daneben, telefonierte in dem Moment mit meiner Frau und schaute in eine andere Richtung. Ich kam auf die andere Fahrspur und bin total frontal auf ein entgegenkommendes deutsches Fahrzeug aufgefahren. Der 5er BMW total zerstört, ich hatte einen Audi, Airbag ging auf usw. Und das ist jetzt interessant, ich bin eingeschlafen, Sekundenschlaf. Nie mehr seit diesem Unfall bin ich am Abend irgendwo eingenickt, nie mehr beim Nachhausefahren nach dem Mittagessen in Mailand oder wo auch sonst, muss ich mich aufhalten an einer Raststätte, eine Viertelstunde die Augen zu schließen. Nie mehr, aber ich weiß nicht wieso! Vielleicht der Schock, der innere Schock, dass der Lebensstil, der Raubbau am eigenen Körper, ich weiß es nicht. Jedenfalls hat es mich irgendwie wachgerüttelt. Und jetzt muss ich aber auch sagen, dass ich seltenst nach halb elf Uhr schlafen gehe. Meistens zehn, viertel nach zehn, weil ich eine natürliche Müdigkeit spüre. Und deshalb auch beim Ausgehen, wenn es zehn Uhr ist, dann bin ich eine Wolke. Das ist auch richtig, weil wenn du aufgewühlt nach Hause kommst, wie früher, als ich bis zehn Uhr in der Firma war, dann hat es einfach bis halb zwölf gebraucht, bis du hinunterfährst. Wenn du um sieben heimkommst, dann bist du um neun schon hinuntergefahren. Und ich glaube, dass das auch dieses kleine Zeitfenster eine Rolle spielt.

ICH: Das war jetzt ein schöner Abschluss. Danke dir, Robert!

XIV. Schlusswort

Ich muss gestehen, im Zuge des Schreibens dieses Buches habe ich noch einmal eine Menge zum produktiven Umgang mit der Zeit gelernt. Ich musste mich optimal organisieren, damit ich überhaupt zum Nachdenken und zum Schreiben kam. Ich habe mir bewusst meine Interviewpartner ausgesucht, von denen ich glaubte, dass sie einen besonderen Umgang mit ihrer Zeit hatten aufgrund ihres großen Aufgabenbereiches oder ihrer besonderen Verantwortung. Dabei ist mir aufgefallen, dass Menschen generell sehr unterschiedliche Ansätze haben, wie sie ihre Zeit einteilen und dass meine Interviewpartner nicht den Anspruch hatten, dass sie ausgeglichen mit ihrer Lebenszeit umgingen. Aber ich denke, wenn es für uns stimmt, können wir wirklich von unterschiedlichsten Menschen lernen.

Im Zuge meiner Arbeit merke ich, dass Zeitmanagement ein sehr aktuelles Thema ist. Wir Menschen haben hier großen Aufholbedarf und leider wenig Vorbilder in unserer modernen hektischen Welt. Die Digitalisierung hat der Geschwindigkeit, in der wir uns heute unweigerlich bewegen, nochmal einen neuen Schub verliehen. Wobei der Begriff Zeitmanagement vielleicht nicht der passende Ausdruck im Zusammenhang mit dieser Problematik ist. Vielmehr geht es doch darum, unsere Zeit so einzuteilen, dass es sich für uns gut anfühlt. Ich glaube, dass es ein erstrebenswertes Ziel im Umgang mit unserer Zeit ist, dass wir das Gefühl haben, immer alles erledigt zu bekommen, was wir uns vorgenommen haben. Niemand kann uns genau sagen, wie wir am besten mit unserer Zeit umgehen sollten. In diesem Zusammenhang weist Amazon-Gründer Jeff Bezos angeblich gerne darauf hin, dass er nicht an work-life-balance glaubt.

Laut Bezos sei das Streben seiner neuen Mitarbeiter nach „Balance" zwischen Berufs- und Privatleben nicht angebracht, da das eine Art Tausch impliziere. Stattdessen stellt sich Bezos eine ganzheitlichere Beziehung zwischen Arbeit und dem Leben außerhalb des Büros vor. Er bevorzuge eine Harmonie zwischen Arbeitsleben und persönlichem Leben. Man solle sie nicht in zwei im Wettstreit stehende Zeitstränge aufgliedern. Dem stimme ich absolut zu.

Ich bedanke mich, dass Sie mein Buch gelesen haben und ich hoffe, dass Sie das eine oder andere aus dem Buch mitnehmen können. Auf jeden Fall wünsche ich Ihnen viel Erfolg in Ihrem Leben und dass Sie Ihre Zeit so leben, dass es für Sie passt!

„Wir verbringen nicht die Zeit mit irgendwelchen Dingen, wir verbringen das Leben mit irgendwelchen Dingen!"

Gerold Thaler

Danksagung

Ich habe mich immer schon mit dem Thema Zeit auseinandergesetzt. Bei meinen verschiedenen beruflichen Stationen habe ich mir immer die Frage gestellt, ob die Zeit, die ich für eine bestimmte Aufgabe benötigt habe, auch im Verhältnis zu deren Nutzen steht. Ich war stets bestrebt, sich wiederholende Tätigkeiten zu automatisieren. Ich bedanke mich ausdrücklich bei jedem meiner Vorgesetzten, denn ich habe mir bei jedem etwas abschauen können. Ich bedanke mich außerordentlich bei meiner Familie für die Geduld. Auch meinen Freunden gilt mein Dank. Immer wieder lerne ich von euch. Mein besonderer Dank gilt den Interviewpartnern Dr. Luis Durnwalder, Dr. Robert Zampieri und Paul Groß.

Wenn Sie das Thema vertiefen möchten, folgen Sie mir auf

oder schauen Sie auf meiner Website vorbei

www.geroldthaler.it

Literaturhinweise

Einige zusätzliche Bücher, die mich während des Schreibens inspiriert haben:

Strelecky, John: Das Café am Rande der Welt; 2017
Seiwert, Lothar: Noch mehr Zeit für das Wesentliche; 2009
Byrne, Rhonda: The Secret; 2007
Schäfer, Bodo: Der Weg zur finanziellen Freiheit; 2019
Stern, Andrè: Und ich war nie in der Schule; 2009
Bruker, Max Otto: Unsere Nahrung, unser Schicksal; 1999
Klemme, Felix: Natürlich sein: Das ganzheitliche Life-Coaching-Programm; 2018
Schäfer, Bodo / Grundl Boris: Leading Simple; 2020

Gerold Thaler, 1977 in Bozen geboren, ist Lehrer für Betriebswirtschaftslehre an der Berufsschule. Direkt nach seinem Studium in Innsbruck nahm er eine Jahresstelle als Oberschullehrer für Mathematik an. Er war überzeugt davon, er müsse noch praktische Erfahrungen in der Wirtschaftswelt sammeln, um seinen Schüler*innen einen wertvollen Unterricht bieten zu können. Danach führte sein Weg in die Privatwirtschaft, wo er sich fast zehn Jahre als Verantwortlicher im Controlling und Rechnungswesen betätigte. Immer schon beschäftigte ihn die Frage, wie es manche Menschen schaffen, obwohl mehr Aufgaben und Verantwortung, ihr Privat- und Arbeitsleben ausgeglichen zu gestalten. Zwischendurch absolvierte er mehrere verschiedene Ausbildungen im Bereich Gesundheit und Schmerztherapie. Zeitgleich arbeitete er als Fußballtrainer im Amateur- und Jugendbereich. Obwohl er nicht mehr daran glaubte, kehrte er danach an die Schule zurück. Er fand seine wahre Berufung: Er möchte Menschen helfen, dass sie ihre Zeit optimaler nutzen und dabei ihr wahres Potenzial freilegen.

CPSIA information can be obtained
at www.ICGtesting.com
Printed in the USA
LVHW022003120422
716028LV00006B/367